AF451740

LE
Commandant MARCEAU

OUVRAGES DE LA MÊME SÉRIE

In-8º de 240 pages.

Le Général de Sonis, par Charles D'HALLENCOURT.

Christophe Colomb, par Charles D'HALLENCOURT.

Garcia Moreno, par Charles D'HALLENCOURT.

Le Maréchal Randon, par A. RASTOUL.

L'Amiral Courbet, par le Comte DE LIONVAL.

Le Général de La Moricière, par le Comte DE BERTHAUD.

Le Général de Miribel, par le Comte DE BERTHAUD.

Le Maréchal de Mac-Mahon, par A. DESLAURIERS.

La Vénérable Jeanne d'Arc, par l'Abbé L. BOUTHORS.

La Légion d'Antibes, par l'Abbé STAUB, ancien Aumônier militaire.

Pasteur, par Pierre LEMOYNE.

Sainte-Anne d'Auray, par l'Abbé MAX. NICOL.

Sainte Angèle, par l'Abbé L. BOUTHORS.

Le Maréchal Canrobert, par Charles D'HALLENCOURT.

L'Amiral du Petit-Thouars, par le Comte DE BERTHAUD.

Le Général Chanzy, par Jean LAUR.

Jean Chouan, par J. DU CHEMIN DE SCEPEAUX.

Le Commandant Marceau, par Jean LAUR.

Jeanne Hachette.

Le Duc d Aumale.

LE COMMANDANT

MARCEAU

1806-1851

Par Jean LAUR

« Marceau... voilà le vrai modèle à
« offrir à notre génération maladive ! »

ABBEVILLE

C. PAILLART, IMPRIMEUR-ÉDITEUR

1898

AVANT-PROPOS

« *Le commandant Marceau... voilà le vrai*
« *modèle à offrir à notre génération mala-*
« *dive !... »*

*Ces paroles tombées des lèvres d'un homme au
coup d'œil sûr et profond, — M. Dupont, de
Tours, — ont inspiré ce livre.*

*Si les jeunes hommes qui se préparent à entrer
dans la vie ont besoin de s'élever au-dessus de
l'atmosphère anémiée du siècle qui finit, — s'ils
veulent porter leurs regards sur une figure virile
aux traits fortement accentués, sur un homme
d'un caractère énergiquement trempé, — en un
mot, s'ils cherchent un modèle, — ils n'en sauraient découvrir de meilleur que cet officier de
marine qui, à trente-six ans, trouva le courage
de renoncer à un passé de scepticisme et d'incrédulité, et de racheter par une lutte impitoyable
contre lui-même, — par un zèle d'apôtre, — par
une véritable passion de Dieu et des âmes, — les
écarts d'une jeunesse manquée.*

*Pendant dix années, cet homme aux élans géné-
reux, à la nature puissante, étonnera les témoins
de sa vie par le spectacle de sa conversion éclatante et de ses héroïques vertus.*

*Enfants d'un siècle égoïste, venez apprendre
du commandant Marceau le secret de l'orgueil
réfréné, de l'ambition foulée aux pieds, de l'amour
des plaisirs méprisé, de la recherche de ses aises
incessamment combattue.*

*C'est l'histoire d'un chrétien héroïque qui va se
dérouler sous vos yeux, mais d'un chrétien qui,
au dire de ses plus chers amis, fut un « démon »;
il n'arriva à se dompter que par des efforts conti-
nus qui, au déclin de son existence, laissaient
percer encore des retours terribles de la nature
primitive.*

*Quant à vous, jeunes gens qui avez peur de la
lutte et à qui le nom seul d'effort est redoutable,
fermez ce livre avant d'en entreprendre la lecture:
il n'y a que les âmes généreuses qui puissent
comprendre Marceau, il n'y a qu'elles qui n'aient
pas à rougir au spectacle de ses vertus!...*

En la fête de la Conversion de saint Paul,

25 janvier 1897.

J. L.

LE
COMMANDANT MARCEAU

1806-1851

CHAPITRE PREMIER

L'Officier de Marine.

L'Ecole Polytechnique. — La *Zélée*. — Le *Minos*.

I

Quand, le 1ᵉʳ mai 1806, naquit, à Châteaudun, le futur Commandant de l'*Arche-d'Alliance*, le nom de Marceau était déjà célèbre.

Dix ans plus tôt, un général de vingt-cinq ans tombait, de l'autre côté du Rhin, en menant au combat l'armée de Sambre-et-Meuse ; spectacle unique dans l'histoire ! l'ennemi s'associait au deuil de la nation française pour conduire les funérailles de l'illustre victime.

C'est qu'avec la jeunesse et la bravoure, Français et Allemands saluaient, dans le héros de

Coblentz, la magnanimité, la grandeur d'âme ; tant d'espérances moissonnées dans leur fleur ne pouvaient qu'inspirer des regrets unanimes.

Les rayons de cette gloire si pure projetèrent tout leur éclat sur le berceau de son neveu, et on peut dire qu'ils le prédestinèrent à des triomphes sinon plus éclatants, au moins plus réels et plus durables.

Fils d'un sous-préfet de l'Empire et d'une mère qui appartenait à la plus vieille noblesse de France, Auguste Marceau comprit, dès ses premières années, les obligations qu'impose l'héritage d'un nom illustre. Les sévères leçons de l'infortune ne furent pas ménagées à son enfance ; sa raison s'éveillait à peine qu'elle eut à déplorer la révocation de son père. Il est vrai que le malheureux sous-préfet de Châteaudun était lui-même l'auteur de sa disgrâce ; privé de ressources, il ne tarda pas à dissiper la dot de sa femme. Puis, il partit pour l'Amérique, et, après un séjour de dix ans, il revint en France où il fut heureux d'accepter une place d'employé d'octroi à Bordeaux. C'est à l'hospice de cette ville qu'il mourut.

A l'enfant infortuné, il ne restait donc à son entrée dans la vie que « l'épée de son oncle, la lourde carabine allemande qui l'avait étendu mort sur le champ de bataille, l'affection d'une sœur, le cœur de sa mère... et sa propre énergie (1). »

Confiant dans l'avenir, Auguste se mit résolument au travail ; des études sérieuses et sagement conduites lui ouvrirent, en 1824, les portes de l'Ecole polytechnique. En cet asile de la science, la lutte fut rude, et le jeune polytechnicien dut faire l'apprentissage des illusions évanouies, des ambitions déçues, des vanités blessées. Ses concurrents s'appelaient Guyod, Bineau, La Moricière, etc... ; ce dernier surtout, à qui l'avenir réservait des destinées si glorieuses, y préludait déjà par des succès retentissants qu'il partageait avec Auguste Marceau.

Au reste, les liens de l'amitié la plus étroite unissaient ces deux jeunes âmes également accessibles aux pensées grandioses comme aux sentiments généreux, également réservées à servir l'Eglise, quoique dans des sphères différentes. A l'entrée dans la carrière, la même ardeur les inspirait, comme plus tard le même but devait les réunir.

Au sortir de l'Ecole, Marceau eut voulu suivre son ami sur cette terre d'Afrique où l'attendaient de si glorieux triomphes, et où il semble que le souvenir du général dont il portait le nom l'eût

(1) *Auguste Marceau, capitaine de frégate, commandant de l'Arche-d'Alliance*, par le R. P. MAYET, Mariste. 2 vol., René Haton. C'est à cet intéressant ouvrage que nous emprunterons de nombreux extraits de la correspondance de Marceau.

aidé à acquérir un avancement rapide... La voie s'ouvrait toute large devant lui, il n'avait qu'à y entrer pour y réussir...

Et cependant, ce fut par une autre issue que le jeune polytechnicien voulut tenter la fortune : le neveu du général Marceau se fit marin. A quel mobile obéit-il en choisissant la mer comme champ d'explorations?... A un scrupule de conscience ou à une pensée de calcul et d'ambition. Un jour qu'il manifestait devant un officier supérieur son désir d'entrer dans l'armée, celui-ci lui exprima son étonnement de le voir embrasser une carrière où s'était distingué un parent du même nom que lui : « A vous, ajouta-t-il, il vous faut une gloire indépendante et personnelle. »

Cet avis, venu à son heure, bouleversa les résolutions du jeune homme, si bien fait pour en comprendre le côté chevaleresque : oui, quelle que fut la carrière qu'il embrassât, il voulait devoir à son mérite, et à son mérite seul, l'avancement qu'il y obtiendrait. Puis, comment se faire un nom dans une arme où son oncle resterait toujours pour la postérité le grand Marceau !...

Cette pensée valut à la marine un officier de plus, et l'un de ses meilleurs ; c'est ainsi que quatre ans plus tard, une parole semblable, tombée des lèvres d'un maître expérimenté, donnait à la mer un autre polytechnicien, qui n'avait, jusqu'alors, aucunement songé à lui livrer son

existence. Courbet devenait marin par obéissance
et Marceau par ambition ou par délicatesse de
conscience. L'un comme l'autre, accueillis froidement d'abord par les hommes de mer, devaient faire apprécier bientôt leur talent scien-
tifique et rendre à la marine les plus précieux
services.

Marceau avait porté ses études spéciales sur
les questions des machines à vapeur, et se tenait
au courant de toutes les découvertes ou amélio-
rations sur cet intéressant sujet. Le public était
loin de présager alors tous les prodiges que la
vapeur devait si prochainement accomplir; ce
fut le mérite du jeune polytechnicien d'être l'un
des premiers à les pressentir. Dès cette époque,
il écrivait cette parole qui révèle ses aspirations
pour le progrès : « La vapeur est appelée à
rendre de très grands services à la marine militaire. »

Les connaissances spéciales qu'Auguste Marceau acquit ainsi, aplanirent devant lui les obstacles qui entourent habituellement les débuts
de la carrière, et lui facilitèrent l'accès des com-
mandements en lui donnant la réputation d'un
des plus savants officiers de l'armée navale.

II

Embarqué le 1ᵉʳ octobre 1826 à bord de la
corvette la *Bayonnaise*, en qualité d'aspirant de
première classe, il débutait par une campagne
autour du monde sous les ordres du futur amiral
Legoarant de Tromelin. A vingt ans, cette expédition dans les mers lointaines, en quête d'aventures, de recherches et d'explorations, a son
charme ; cette lutte perpétuelle de l'homme avec
les éléments a un intérêt palpitant, et, sur le pont
d'un navire, plus d'un jeune aspirant se prend à
former des rêves dorés, que vient bercer l'har-
monie des ondes et des vents...

Mais à la nature ardente, à l'âme ambitieuse
d'Auguste Marceau, il faut des combats plus
sanglants, il faut la voix grondante du canon, il
faut l'agitation du fer et du feu, la vie militaire,
en un mot. Aussi, dès qu'il apprend que de graves
évènements se préparent dans nos colonies de la
mer des Indes, il sollicite l'autorisation de quitter
la *Bayonnaise* pour s'embarquer sur la gabarre
la *Zélée*, qui fait partie de l'expédition de Madagascar.

On est à la veille de la révolution de 1830, et
pendant que ses anciens camarades de Polytechnique, acclamés par le peuple, se mêlent à

l'émeute dans les rues de Paris ou se précipitent à l'assaut du Louvre et de l'Hôtel-de-Ville, lui, plus heureux, se bat à quatre mille lieues de la patrie contre des ennemis qui, au moins, ne sont pas Français.

L'expédition, partie de Bourbon, aborda la côte orientale de Madagascar. Elle avait pour but de châtier les Hovas de Foulpointe. « Comme il arrive souvent dans ce genre d'attaque, la descente s'effectua sans rencontrer d'obstacle. Les retranchements furent franchis, les palissades emportées et quelques villages incendiés. Mais arriva ensuite le moment difficile du rembarquement. Hélas! sur combien d'autres plages que celles de Foulpointe n'avons-nous pas appris à nos dépens combien est critique cette opération! En ce moment, en effet, les Hovas reprirent l'offensive. Cachés derrière les buissons et les palétuviers, ils s'élancèrent de tous les plis du terrain, accoururent en masse compacte sur le bord de la mer, et coupèrent la retraite à un détachement de marins engagés trop avant dans l'intérieur. Marceau, comme aspirant, commandait la chaloupe chargée de protéger la plage. Il juge avec sang-froid la gravité de la situation. Sans hésiter, il s'éloigne momentanément de la position qu'il occupe ; à force de rames, il côtoie le rivage, s'engage dans une sinuosité d'où il prend l'ennemi en écharpe, et là, pointant lui-même la caronade qui défend l'avant de sa chaloupe, il mitraille les Hovas à demi-encâblure. Quelques instants suffirent pour déblayer la plage, pour en ouvrir l'accès aux marins compromis, et pour sauver l'honneur de notre pavillon (1). »

Marceau était le héros de la journée ; l'amiral commandant l'expédition le fit mander à son bord, le félicita chaudement, et, dans son rapport au ministre, sollicita pour lui la croix de la Légion d'honneur. A cette époque, la décoration se faisait attendre longtemps et ne semblait pas destinée aux élèves de la marine ; aussi le ministre répondit que l'âge de l'aspirant ne permettait pas de lui décerner cette récompense, et se contenta de le dispenser de l'examen exigé pour le grade d'enseigne de vaisseau. Pour des natures comme celle de Marceau, ce n'était pas une faveur que cette dispense, qui l'empêchait de montrer l'étendue de ses connaissances ; l'amiral le comprit et écrivit de nouveau, déclarant énergiquement que « puisque, malgré son âge, l'aspirant avait mérité la croix, il fallait, malgré son âge, la lui donner. »

Sur ces instances, Marceau fut décoré de l'insigne des braves : il avait vingt-trois ans et put rentrer en France, le cœur légitimement fier de ce premier succès.

(1) Félix Julien : *Le commandant Marceau et les Missions chrétiennes : Commentaires d'un marin.*

L'année suivante (1832), l'aspirant, devenu enseigne, reprenait la mer pour faire partie de l'expédition chargée de rapporter en France l'obélisque de Louqsor. Le fougueux officier imposa silence à son ardeur belliqueuse pour parcourir en philosophe les solitudes de la Haute-Egypte et contempler les vastes nécropoles de Thèbes et de Memphis, où dort ensevelie la puissance des Pharaons.

Mais la vie d'aventures reprend bientôt ; des bouches du Nil, nous retrouvons Marceau à celles du Niger et du Sénégal. A bord de l'*Africain*, il remonte ce dernier fleuve jusqu'aux cataractes du Fellou, rêvant, comme Caillé et Raffenel, de s'ouvrir le chemin inexploré du Soudan... Hélas ! cette espérance vaine s'évanouit avec ses forces et sa santé, qu'il avait risquées imprudemment.

Après avoir entrepris à différentes reprises le voyage de Galam au centre de l'Afrique, il contracta le germe d'une maladie qui devait l'accompagner jusqu'au tombeau. Il fallut reprendre le chemin de la France, où il arriva presque mourant. La santé revint, mais lentement, et il eut besoin de longs mois de convalescence pour lui permettre d'entreprendre une nouvelle croisière.

III

L'année 1836 lui apporta son épaulette de lieutenant de vaisseau ; il achevait alors sa trentième
année et se trouvait dans tout l'épanouissement
de son intelligence et de ses facultés. Le noviciat
terminé, il allait aborder la lutte pour son propre
compte.

« Dans la hiérarchie militaire, a écrit un
homme du métier, le grade de lieutenant de
vaisseau offre, par la nature des fonctions qu'il
comporte, deux positions également brillantes,
dignes toutes les deux de grandir l'homme à ses
propres yeux, en mettant à chaque instant à
l'épreuve ce qu'il peut y avoir de ressource dans
son esprit et de vigueur dans son caractère. C'est
la position d'officier de quart sur un vaisseau de
ligne et celle d'officier commandant un navire
isolé.

« Sur le banc de quart d'un vaisseau il domine,
il commande, il remue par centaines des hommes
prêts à lui obéir quel que soit le danger. A son
gré, il les lance dans la mâture, les répand sur les
vergues, les suspend au gréement. Ce sont des
ris à prendre, des voiles à serrer, des mâts à
dépasser. Sur rade ou par beau temps, ces

manœuvres ne sont qu'un exercice d'un imposant effet ; mais quand l'orage gronde, quand la nuit devient sombre et quand la mer se creuse, de qui dépend alors l'existence de tous ces braves gens perdus dans le gréement ? Une saute de vent, un mauvais coup de barre, un faux commandement peuvent précipiter dans les flots ces gabiers intrépides, cramponnés à l'extrémité d'une vergue qui décrit au roulis, à cent pieds dans les airs, des angles d'une amplitude immense (1). »

Auguste Marceau connut toutes les anxiétés de l'officier sur son banc de quart, il en connut aussi les triomphes en révélant à l'équipage les ressources multiples de son intelligence et de son énergie ; mais il ne donna la mesure complète de sa valeur que le jour où il prit en main le commandement avec toute sa responsabilité.

Sa connaissance théorique et pratique des machines lui valut la mission de conduire de Lorient à Toulon le vapeur le *Minos* ; cette première traversée faillit se terminer d'une façon tragique. Au milieu de la nuit, le mécanicien s'endormit à son poste et en se réveillant soudain, s'aperçut que toute la paroi supérieure de la chaudière, manquant d'eau, se trouvait déjà rouge. Le péril était imminent. Le malheureux, effaré, perd la tête et au lieu de chercher à conjurer le danger, ne songe qu'à sa sûreté personnelle en s'enfuyant

_____

(1) Félix Julien, *loc, cit.*, p. 15.

et en montant sur le pont de toute la vitesse de
ses jambes.

Là il communique la cause de son effroi ; le
commandant est prévenu. Aussitôt Marceau saisit
un pistolet, s'élance sur le mécanicien qu'il étreint
à la gorge et le force de descendre avec lui au
poste qu'il n'eût pas dû quitter ; là il l'aide à
soulever les soupapes, à ouvrir les robinets, à
fermer les cendriers... Le danger est conjuré.

Sans l'énergie du Commandant, c'en était fait
du navire et des passagers qu'il portait à son
bord. Marceau venait de sauver la vie à plus de
cent cinquante personnes...

Cet heureux début fut bientôt suivi d'une action
d'éclat plus importante encore, d'un de ces
triomphes qui remplissent le cœur du marin d'une
légitime fierté. Le *Minos* « était à Gibraltar,
mouillé devant la ville, pour renouveler sa provi-
sion de charbon ; les navires à vapeur de cette
époque ne pouvaient, sans cette précaution,
fournir une bien longue course. Pendant ce temps,
les vents d'ouest soufflaient dans le détroit. Le
baromètre baissait, le ciel se chargeait de nuages.
Ainsi qu'il arrive toujours quand les vents soufflent
de cette direction, un grand nombre de navires
marchands, accumulés à l'entrée de cet étroit
passage, louvoyaient péniblement dans la baie
pour gagner un abri.

« Au milieu d'eux se trouvait un beau vaisseau
anglais, le *Pembroke*, portant le pavillon du

commodore Parker. Tout à coup, gêné dans sa manœuvre par un de ses innombrables voisins, il manque à virer de bord. L'espace ne lui permet plus de continuer sa bordée ; les récifs sont tout près. Il laisse successivement tomber toutes ses ancres, car le fond est à pic, la tenue est mauvaise et le vent bat en côte. La nuit peut devenir critique. C'est ainsi que le pense Marceau.

« Seul officier militaire présent à Gibraltar, il comprend l'étendue de sa charge. Qu'importe la nationalité du navire en détresse ? Il pousse activement ses feux ; en moins d'une heure, il peut appareiller ; il vient passer à poupe du *Pembroke* et offre au commodore l'aide de sa machine.

« Ses services ne sont point acceptés. Marceau a deviné la cause du refus, car si le *Minos* est bien le seul bâtiment de guerre mouillé à Gibraltar, en revanche il s'y trouve des steamers anglais qui n'auraient pas dû se laisser devancer pour voler au secours d'un vaisseau portant les couleurs britanniques. Tout en respectant ce sentiment, peut-être exagéré, de la susceptibilité nationale, mais peu rassuré sur ses suites, Marceau ne voulut point s'éloigner du *Pembroke* pour revenir à son premier mouillage. Il resta sous pression, son cabestan garni, ses grelins élongés, prêt, au premier signal, à prendre les remorques. Il attendit ainsi le dénouement de cette nuit d'hiver.

« La nuit fut en effet féconde en émotions. Les

rafales se succédèrent de plus en plus violentes ;
d'heure en heure, malgré toutes ses ancres, le
vaisseau chassait sur les brisants. Au jour, la
position devint insoutenable. Un premier choc,
un coup de talon formidable vint avertir le
commodore Parker qu'il fallait se résigner à
accepter le secours du navire français. Il n'y avait
désormais de salut qu'à ce prix. C'est si triste
d'ailleurs un vaisseau en détresse ! Les voiles en
lambeaux, la mâture brisée, les cordes emportées,
tordues, échevelées. Et puis, ce noble corps, cette
coque arrondie, ces rangées de canons, ces courbes
gracieuses, tout ce chef-d'œuvre enfin de l'art et
du génie, cet imposant ensemble de la puissance
humaine, tout cela balayé par la mer, démoli
pièce à pièce, englouti sous l'écume, perdu dans
les brisants. Rien n'est plus douloureusement beau
que le naufrage d'un grand vaisseau de guerre.
Marceau eut le bonheur de sauver le *Pembroke*
d'un semblable désastre.

« Au fort de la tempête, le *Minos* habilement
conduit se rapproche de lui, se laisse dériver,
glisse sous son beaupré, le saisit par l'avant et
s'attelle au colosse comme un triton docile.

« Alors, rassemblant dans ses flancs tout ce
qu'il a de force de vapeur, haletant, tout couvert
d'écume et de fumée, il l'ébranle, l'entraîne,
l'éloigne des récifs et, au milieu des hurrahs
frénétiques, il le ramène en triomphe à l'entrée
de la baie. Hurrah pour le *Minos* ! et hurrah pour

la France ! Ce n'est pas tout ; le roi de la mer, le *man of war* n'a pas plus tôt reconquis son empire, que, hissant au plus haut de ses mâts les couleurs nationales de son libérateur, il les salue de son artillerie.

« Jamais coups de canon, fait remarquer en finissant M. Julien, ne durent retentir plus avant dans le cœur de Marceau. Ce n'était point seulement l'honneur d'un service rendu à un puissant voisin, c'était encore la satisfaction d'une difficulté vaincue, du danger affronté, et surtout pour le cœur du marin, c'était le succès toujours si enivrant d'un beau coup de manœuvre (1). »

A son entrée à Gibraltar, Marceau fut entouré et félicité chaudement par tout ce que la ville comptait de personnages distingués ; pendant tout le temps de son séjour ce ne fut que visites reçues et rendues, invitations de toutes sortes... Un jour il se trouve au détour d'une rue face à face avec un régiment anglais ; le colonel le reconnaît et donne subitement ses ordres. Alors chaque peloton défile en présentant les armes devant le commandant du *Minos*, pendant que chaque officier incline son épée.

L'Angleterre qui n'avait alors aucune décoration à offrir à un lieutenant de vaisseau proposa à Marceau une somme d'argent que celui-ci s'empressa de refuser ; sa seule récompense fut une

(1) *Commentaires d'un marin*, p. 22.

lettre de remerciements de l'ambassadeur anglais au gouvernement français pour louer l'équipage du *Minos*.

C'est ainsi que Marceau débutait dans sa carrière de commandant ; les années suivantes le trouvèrent à l'escadre de la Méditerranée sur le *Vautour* ou à bord du *Jemmapes*, mais partout il signala son goût et ses aptitudes pour les entreprises généreuses et les luttes difficiles. Résumons d'un mot, avec son biographe, la physionomie de l'officier de marine à cette époque :

« Tout devenait pour lui un objet de lutte, la vitesse de son navire, la tenue de son équipage, la précision de ses manœuvres. »

CHAPITRE II

L'Incrédule.

Saint-Simonisme. — Vie facile. — Caractère indomptable.

I

Si, en 1840, Auguste Marceau promettait d'illustrer la marine française et était déjà l'un de nos plus brillants lieutenants de vaisseau, on doit dire que les qualités intellectuelles étaient à peu près les seules qu'il eût développées jusqu'alors.

Derrière cet esprit bouillant, cette intelligence ouverte et active, cette énergie puissante, y avait-il un principe dirigeant et responsable, y avait-il ce que le chrétien appelle une âme à sauver?... Cette question n'avait guère inquiété jusqu'alors Marceau, qui vivait complètement en dehors de préoccupations semblables. C'est lui-même qui nous avoue qu'il ne songeait qu'à ce monde matériel et périssable, et qu'à trente-cinq ans « il n'était qu'une *bête*. »

En effet, l'officier de marine n'avait pas eu le bonheur de rencontrer, à son entrée dans la vie, une de ces mères chrétiennes sur les genoux desquelles nous avons appris à bégayer le nom de l'Auteur de toutes choses ; c'était lui au contraire que la Providence avait choisi pour ramener à Dieu Madame Marceau.

L'éducation, manquée au sein de la famille, ne devait trouver aucune compensation dans celle du lycée ; l'établissement où Auguste Marceau fit ses études comptait cinq apostats parmi ses professeurs, et un seul des maîtres de cette malheureuse maison s'abstenait de donner publiquement des marques d'impiété. Parmi les élèves, l'irréligion était générale ; il eût été bien difficile d'y rencontrer un jeune homme qui eut conservé les croyances religieuses de sa première communion. Tous avaient hérité de l'incrédulité du siècle précédent (1).

(1) Les lycées d'aujourd'hui ressemblent-ils à ceux d'autrefois ? Nous serions tentés de le croire, si l'on en juge par cette page empruntée au journal *Le Temps*, peu suspect dans la matière. L'aveu ne manquera pas d'être instructif :

« D'où viennent-ils donc ainsi faits, nos jeunes, les uns gaiement railleurs, les autres tragiquement, tous sceptiques, trop désolés ou trop badins, trop révoltés ou trop domptés, malcontents et attristants ?...

« Ils sortent presque tous du lycée. Le lycée est la grande usine scolaire. Le jeune Français vient d'appartenir dix ans, douze ans à l'Université. Là, on prétend l'avoir préparé à tout, même au baccalauréat. Ce qui lui reste d'âme est dans l'abandon. Il ne croit plus à la famille, puisque la famille, pour se débarrasser de lui, l'a condamné tout enfant, tout innocent, aux promiscuités d'une prison. Et il est devenu, ou bien le résigné qui accepte en aveugle toute autorité, qui a un journal infaillible à ses yeux comme, au collège, il avait un censeur, — ou bien, le révolté (c'est le cas des meilleurs), pour qui le terme défendu au lycée ou l'acte réprimé par le règlement universitaire, devient la chose à dire ou la chose à faire. Il confondra

Marceau saisit un pistolet et s'élance sur le mécanicien (page 18).

Auguste Marceau partagea le sort commun et sortit de l'Université profondément sceptique. Plus tard, dans les mers de l'Océanie, il se prenait à pleurer au souvenir de son enfance et des éducateurs de sa jeunesse ; sous cette impression, il écrivait :

« Hélas ! j'ai eu tant à souffrir lorsque j'étais loin de Dieu, qu'aujourd'hui rien ne me touche plus que le sort des enfants... »

Marceau quitta le lycée pour l'Ecole polytechnique ; un autre danger l'y attendait avec les éternellement l'habitude puérile de la révolte avec le noble et viril emploi de la liberté.

« Il n'est pas un seul administré français qui ne soit ou un révolté à outrance ou un résigné à l'excès. Au dessus de ceux-là, il y a « la classe dirigeante », les pions. Les pions vont répétant et imposant ce qu'on leur a enseigné comme vérités définitives. Chefs d'usine, chefs de bureau, journalistes, critiques, comédiens et ministres, tous pions, peu ou prou, tous pleins de confiance en eux-mêmes et dans le principe de l'autorité qu'ils incarnent.

« La France n'est qu'un lycée, parce qu'il fallait — pour Napoléon, créateur de l'Université, — qu'elle fût un jour une caserne. *L'école n'est qu'une caserne quand la caserne elle-même devrait être une école !* Ne parlez pas ici d'individualisme ! Il vous faudrait des caractères ? L'éducation universitaire les défait. Des personnalités ? Elle ne créa que des catégories. M. de Laprade l'a appelée *l'éducation homicide*. Le même laminoir mâche pendant dix ans, recrache et ressaisit la même âme d'enfant ! Essayez donc de la refaire quand elle sort de ce moule obstiné. Tous en gardent quelque chose à tout jamais. Nous ne sommes qu'un troupeau qui porte au flanc la marque commune, l'empreinte au fer rouge du bagne universitaire... L'éducation universitaire, c'est le grand crime national. »

(Le Temps, n° du 4 mars 1892.)

doctrines nouvelles qui agitaient cet établissement. Saint-Simon était mort, léguant à ses disciples sa foi, son culte et ses dogmes nouveaux sur le christianisme de l'avenir. C'était la science remplaçant la religion ; les novateurs ne pouvaient trouver à la diffusion de leur doctrine un centre plus important que l'Ecole polytechnique.

« Il faut, disait Enfantin (1), il faut que l'Ecole polytechnique soit le canal par lequel nos idées se répandent dans le monde. C'est le lait que nous y avons sucé qui doit nourrir les générations à venir. C'est là que nous avons appris la langue positive et la méthode de recherche et de démonstration qui doivent aujourd'hui faire marcher les sciences politiques. »

Hélas ! l'esprit de ces jeunes gens aux aspirations généreuses, mais défendues par aucun principe solide, n'était que trop facilement ouvert aux sophismes des novateurs. A la suite de plusieurs de ses camarades les plus intelligents, Marceau, attiré par des illusions fascinatrices, se laissa séduire par le brillant mirage des mots d'humanité, de philanthropie et de progrès...

Comme il ne faisait rien à demi, et que son âme se trouvait vide de toute croyance sérieuse, il accepta avec enthousiasme la nouvelle doctrine. Non content d'en être le sectateur zélé, il s'en fit l'apôtre, et, plusieurs années après, sur

(1) Le chef suprême de la secte ; il est mort en 1864.

le pont de son navire aussi bien qu'à terre, on le
vit exposer les dogmes chers à Saint-Simon et à
Enfantin.

Un jour ou l'autre, cependant, l'intelligence
pénétrante de l'officier devait découvrir les côtés
faibles d'un système qui ne repose que sur de
vaines utopies. « Je reconnus bientôt, déclara-t-il
lui-même, qu'au fond de tout cela il y avait bien
des misères, et mes illusions ne durèrent pas
longtemps. Un jour, j'entendis un des principaux
de la secte tenir des discours d'une licence
effrénée. » Une autre fois, ayant à rendre compte
de ses propres croyances à quelqu'un qui l'inter-
rogeait à ce sujet, il comprit, à l'embarras dans
lequel le plaçait cette question, que s'il avait
quelque idée vague et sentimentale de religiosité,
sa doctrine ne lui fournissait aucune conviction.

L'effet le plus évident de son adhésion à la
secte saint-simonienne fut de lui inspirer une
répulsion très vive pour la foi catholique, qu'il
se faisait un plaisir de railler avec une verve
sarcastique dont il avait le triste secret. Constamment sur ses lèvres, le blasphème prenait
en sa bouche une expression particulière d'impiété et d'ironie, qui, tour à tour, enlevait l'hila-
rité de ses interlocuteurs ou les glaçait d'effroi.

Les cérémonies les plus sacrées de notre culte
ne trouvaient pas grâce à ses yeux, leur nom seul

excitait chez lui la pitié, sinon la fureur. A ce souvenir humiliant, il disait plus tard : « Il semble que le démon me poussât à ces péchés abominables, dans l'espoir de rendre impossible un retour que certaines dispositions de mon esprit pouvaient lui faire prévoir et redouter. »

La foi, si elle avait jamais existé, était donc entièrement morte en cette âme ; pour le prouver il suffit de recueillir l'aveu significatif qu'il fit plus tard. Au plus fort d'une tempête affreuse qu'eut à essuyer le navire qu'il commandait, il ne songea pas un instant au sort qui l'attendait après la mort ; l'idée d'un ciel ou d'un enfer quelconque ne se présenta aucunement à son esprit, et la pensée de sa mère vint seule troubler l'impassibilité de son cœur.

Tel est le triste état d'une âme entièrement soustraite à l'éducation religieuse. Par contre, ajoutons avec son pieux biographe que si l'officier eût rougi de subir le joug de la foi catholique, il ne dédaignait pas d'aller consulter à Paris une diseuse de bonne aventure, Mademoiselle Lenormand. « L'antre de la sybille qui se prétendait en communication avec le génie Ariel était situé dans la rue de Tournon, au fond d'une cour. C'est là que, pendant un demi-siècle, à la honte de cette époque, ont afflué une foule d'hommes fameux à plusieurs titres. Mademoiselle Lenormand avait été consultée non seulement par Mirabeau, Camille Desmoulins, Danton,

Robespierre, Saint-Just, Barras, Garat, mais
encore par Madame Talien, Joséphine de Beau-
harnais, Napoléon, Louis XVIII, plusieurs sou-
verains d'Europe dont elle possédait des lettres
confidentielles. Marceau qui aurait rougi de chercher des éclaircissements auprès des ministres
d'une religion âgée de dix-huit siècles et ornée
de la triple couronne de l'apostolat, du martyre
et de la science, se rendit sans rougir chez une
sorcière, et ce qu'elle lui dit parut lui avoir fait
beaucoup d'impression. Il est vrai que de tels
actes n'engagent à rien (1). »

Cependant, pour être juste et ne pas exagérer
le tableau de ses égarements, disons qu'il avait
recours parfois à des moyens plus sérieux pour
découvrir la vérité. Il lisait, il lisait même avec
avidité, mais on eut dit qu'il repoussait tout
livre qui eut contribué à mettre en lumière à ses
yeux la doctrine catholique. C'était un parti-pris ;
il se défiait de lui-même et craignait de se laisser
prendre, aussi préférait-il la lecture du Coran à
celle de l'Evangile.

Malgré tout, dans le chaos obscur de cette
âme enténébrée, jaillissaient des éclairs qui
parfois déchiraient la nue ; dans un moment de
fureur et de dépit impuissant, on l'entendit
s'écrier :

(1) *Vie de Marceau*, par un Père Mariste, t. 1ᵉʳ, p. 18.

« Ah ! si je pouvais avoir la foi et prier ! »

Et un autre jour, il laisse tomber de sa plume
ces lignes précieuses :

« J'ai un immense besoin d'aimer et de me
donner corps et âme. Mais, dans le monde, je ne
trouve rien qui mérite ce don de moi-même ; il
n'y a que Dieu qui puisse satisfaire mon âme... »

Le cœur qui laisse échapper de pareils cris peut
n'être pas dans la voie droite, mais il est noble,
généreux, et il est bien rare que Dieu ne l'attire
pas à lui au moment fixé par sa miséricorde.

II

Ne trouvant pas la paix, Marceau voulut chercher l'oubli ; c'est dans les distractions et les
plaisirs bruyants qu'il pense le rencontrer.

La nature l'avait doué de toutes les qualités
que le monde aime en ceux qui le servent et qui
le flattent : extérieur agréable, manières élégantes
et distinguées, parole animée et intéressante, tout
se réunissait pour faire du brillant officier un
homme de salon. Les plaisirs vinrent d'eux-
mêmes à lui, et il n'eut qu'à se laisser faire pour
être entraîné dans leur tourbillon.

Le monde est une immense pieuvre qui lâche
rarement la victime une fois enlacée dans ses

On vit deux officiers se regarder furieux, le pistolet au poing... (page 37).

tentacules ; trop souvent elle ne rend l'homme à lui-même qu'après en avoir épuisé toutes les énergies vitales. Marceau eut le bonheur de lui échapper avant d'en arriver à ces extrémités ; mais ce ne fut pas sans avoir approché ses lèvres avides de la coupe enchanteresse. Le jeu, les aventures de toutes sortes le tentèrent, et, comme les esprits moins bien trempés, il sacrifia à la mollesse et à la frivolité.

Après les nuits passées dans les plaisirs prolongés, il connut l'oisiveté des lendemains avec leur dégoût et leur satiété ; il chercha à tromper l'ennui des longues heures dans la lecture des romans alléchants, dans les raffinements d'une toilette efféminée, dans les caprices luxueux de la table et de l'ameublement.

Privé, nous l'avons dit, de fortune personnelle, il contracta bientôt des dettes criardes, conséquence nécessaire de ses dissipations ; et pour pour faire honneur à ses engagements il en fut réduit à recourir à sa mère. Cependant la pauvre femme vivait de privations et n'était guère en mesure d'aider aux prodigalités de son fils...

Mais celui-ci oubliait dans les fêtes les sentiments que la piété filiale, à défaut de toute autre, eut dû suffire à lui inspirer ; c'est qu'avec les plaisirs un autre vice dévorait ce cœur : c'était l'orgueil !

III

Fier et dédaigneux, Marceau était dur pour tous ceux qui l'entouraient, qu'ils fussent ses égaux ou ses inférieurs. L'équipage, habitué à son commandement, l'estimait et le craignait, mais ne l'aimait pas ; il passait pour être la terreur des matelots et on lui envoyait les marins que les capitaines d'humeur plus facile n'avaient pu dompter.

Sa réputation était si bien établie qu'on entendit un jour cette conversation entre deux matelots :

— Où es-tu maintenant ?

— A bord de l'*Arche-d'Alliance*.

— Quel capitaine ?...

— Capitaine Marceau.

— Ah ! pauvre vieux, que je te plains !...

— Oui ; mais le Marceau d'aujourd'hui n'est plus le Marceau d'autrefois.

Le matelot répliqua d'un air incrédule :

— Il faut qu'il soit *terriblement* changé.

Ses collègues, même ses amis, pouvaient lui reprocher la même fierté présomptueuse, qui le rendait parfois insupportable aux plus indulgents. Un officier qui avait vécu dans son intimité disait

plus tard : « Il me gênait, il me blessait sans
cesse par le sans-façon de sa tenue et de sa conduite, par une attitude constamment pleine de
hauteur... » Et un autre témoin rapporte
qu'un jour sur le pont d'un navire, on vit deux
officiers de marine se regarder furieux, les yeux
dans les yeux, le pistolet au poing, et résolus à
en venir aux dernières extrémités. Par bonheur
la colère qui les animait l'un et l'autre et leur faisait oublier leur devoir, n'oblitérait pas le sentiment de l'honneur encore plus vivace en eux, et
c'était à qui ne tirerait pas le premier. C'est ce
qui les sauva. L'un d'eux était le comte Raymond
de Cuers, qui, quelques années plus tard devait
fonder la Société des Prêtres du Très Saint-Sacrement ; l'autre était le futur commandant de
l'*Arche-d'Alliance*, Auguste Marceau...

Déjà. en semblable circonstance, des amis
adroits avaient pu intervenir à temps pour empêcher un duel, conséquence de sa colère et de sa
violence. Son emportement ne trouvait pas grâce
devant les êtres sans raison, et son biographe
rapporte qu'un jour, en entrant au café, il appelle
son chien. L'animal ne répondant pas assez
vite à l'ordre du maître, celui-ci le saisit avec
colère et le lance brutalement par la porte. Au
même instant une autre personne entre et reçoit
le chien en pleine poitrine. Marceau en fut quitte
pour une double humiliation.

Mais de telles leçons ne faisaient qu'aigrir un orgueil qui ne désarmait jamais ; ses chefs eux-mêmes avaient à en souffrir. Ayant sur les machines à vapeur des connaissances fort étendues et très spéciales qui dépassaient celles de la plupart des officiers supérieurs, il se reconnaissait le droit de les critiquer amèrement et de faire peu de cas de leur mérite. C'était surtout dans les commissions dont il était appelé à faire partie qu'il cherchait impitoyablement à montrer sa supériorité en ridiculisant les idées de ceux qui lui étaient opposés.

Aussi, après sa conversion, il n'aura pas de paroles assez sévères pour juger cette disposition des jours passés. « J'avais fini, dira-t-il, par me croire un être indispensable, destiné aux plus grands emplois. » Et une autre fois, il avouera à un ami : « J'ai été fou d'ambition et d'orgueil ; je ne sais ce que je n'aurais pas fait pour mériter le regard d'un chef. »

Cependant, malgré cette ambition secrète et ce désir ardent de parvenir aux grades supérieurs, Marceau n'a jamais rien fait pour arriver par des moyens détournés ; jamais il n'a demandé l'appui de personne, jamais il n'a sollicité un emploi, et il refusa même de voir Louis-Philippe alors qu'on lui en faisait la proposition. « Non, dit-il, je ne ferai rien pour mon avancement ; mon tour viendra, il faudra bien que mon nom sorte un jour. »

Tel était Marceau en 1840; incrédulité à peu près complète, vie uniquement occupée des idées intellectuelles ou matérielles, habitudes d'existence assez relâchées et surtout fierté indomptable qui semblait plus que les autres obstacles devoir résister à toute transformation possible.

CHAPITRE III

La Conversion.

Le trouble préparateur. — L'ébranlement. — Le coup de grâce.

I

Un jour, le lieutenant Marceau, revenant d'Algérie, avait à son bord plusieurs missionnaires. L'un d'eux, plus au courant des questions qui intéressent la marine, s'entretenait longuement avec le commandant ; il admirait son savoir et son énergie, mais regrettait de voir cet esprit élevé entièrement fermé aux choses de la foi.

Obéissant à son zèle et se croyant autorisé par ses relations précédentes, il résolut d'aborder la question religieuse. Marceau l'arrêta d'un mot :

« — Si vous voulez, lui dit-il, causer sciences, mathématiques, j'y consens... Mais en fait de religion, moi, j'ai la mienne, gardez la vôtre... » Et en même temps, il lui tournait brusquement le dos.

Il semble que l'homme qui traitait avec une

Je cherche Dieu ! répondit Marceau (page 48).

pareille désinvolture un prêtre catholique n'était
pas près de céder aux charmes de cette religion.
Et cependant, l'heure approchait où la grâce
allait agir et triompher de la violence de cette
nature.

Marceau était à cette époque de la vie où le plus
brillant officier commence à se lasser des plaisirs
et de l'existence frivole de la jeunesse ; il com-
prenait qu'il lui fallait opter entre les tendances
sérieuses de l'esprit et les distractions banales des
jeunes années. Le vide des joies terrestres, des
futilités mondaines et des écarts de la dissipation
devenait évident à ses yeux, et il sentait en lui
des tendances plus sérieuses.

Un jour, se rendant de Toulon à Paris en voi-
ture publique, il a pour compagnes de voyage
trois jeunes ouvrières qui abandonnent leur
village pour aller chercher fortune dans l'immense capitale. L'officier prend pitié de leur
inexpérience, fait le tableau des privations et
de la misère qui les attend inévitablement, leur
conseille de retourner dans leur pays, et, pour
les décider entièrement, paie la place de voi-
ture.

Le passé de l'officier n'explique guère semblable intervention ; comment se fait-il que celui
qui se préoccupe à ce point des intérêts de personnes étrangères semble oublier complètement
les siens? Mystère d'inconséquence, qui dénote
cependant un nouvel état d'âme !

En effet, une transformation s'opère secrètement dans ce cœur désabusé. Marceau qui ignore
la paix des convictions profondes vient de voir
plusieurs de ses collègues, des officiers de marine,
renoncer à leurs écarts de jeunesse pour embrasser résolument la pratique de la vie chrétienne. Il est témoin de la bonne impression que
cette conduite inspire à l'équipage et du respect
qui entoure ces nouveaux amis du devoir.

Marceau réfléchit : il faut donc que cette religion porte en elle une grande puissance, qu'il
suffise de la professer pour en imposer aux
masses. Peut-il en dire autant de la doctrine qu'il
sert depuis dix-huit ans? Les autres le raillent
sans qu'il puisse trouver en lui-même une compensation à ces dédains. Une circonstance vint
encore augmenter ses incertitudes :

« Il se trouvait dans une réunion présidée par
le pontife de la religion nouvelle, Enfantin,
le *Père Suprême,* puisqu'il faut l'appeler par le
nom que lui donnait la secte. Celui-ci, recevant
une lettre, la parcourut avec indifférence ; puis,
faisant un geste de dédain :

« — Voilà quelqu'un, dit-il à haute voix, qui
sera bientôt des nôtres.

« Et il donna la lettre à Marceau qui lut :

« Monsieur, je viens vous prévenir que, mettant
fin à mes indécisions, je me suis confessé et j'ai
communié. Veuillez donc dorénavant ne plus
me parler de vos opinions dont je suis plus éloi-

gné que jamais. Cela amènerait des discussions pénibles et je tiens à rester votre dévoué, etc... »

« — Comment ! reprit Marceau, vous dites qu'on est des nôtres quand on vous écrit qu'on se confesse !

« — Vous êtes trop jeune pour comprendre ces choses-là ; vous ne voyez pas que N... dont nous ne pouvions rien faire à cause de sa légèreté, de ses indécisions, de ce mouvement inquiet qui cherche toujours et ne se fixe à rien, va revenir à la pensée par la religion ? Et puis, ne savez-vous pas que nous sommes *la fin de toutes choses*, et qu'il faut passer par le catholicisme pour arriver à nous ?

« Enfantin, il faut en convenir, exerçait une sorte de fascination sur ses disciples. Il suffit, pour s'en convaincre, de compter les intelligences d'élite qui se groupèrent autour de lui. En cette occasion, le trait alla plus loin que sa pensée (1). »

Marceau n'était pas homme à laisser passer inaperçu pareil aveu. « Il faut passer par le catholicisme, se dit-il ; mais moi je n'ai pas encore pris ce chemin-là... si j'en essayais !... » Et il se retira pensif et rêveur, se promettant de revenir sur ce sujet.

En quittant Enfantin, l'officier se rendit chez

(1) *Vie de Marceau*, t. 1er, p. 32.

une dame, excellente catholique, qui lui avait
toujours fait charmant accueil, tout en lui reprochant ses sentiments anti-religieux. Le visage de
Marceau reflétait encore l'impression de surprise
qu'il venait d'éprouver près du chef du saint-
simonisme, et la dame lui en demanda la cause.
Il cita la parole qu'il venait d'entendre, en
avouant qu'il en était bouleversé.

La fervente catholique profita de l'occasion
pour insister sur l'inanité de la doctrine chère à
Marceau ; elle lui rappela ce qu'elle lui avait dit
déjà maintes fois du catholicisme, et l'invita à
aller trouver un prêtre, l'assurant qu'il rencontre-
rait près de lui le calme et la paix qu'il cherchait.

A cette parole, Marceau reprit son sourire
sarcastique des jours passés, et se retira. L'heure
n'était pas encore venue ; l'officier préféra chercher une diversion dans les plaisirs et les fêtes ;
mais la grâce devait l'y poursuivre.

Un jour, dans un bal où, contrairement à ses
manières élégantes et enjouées, il se tenait pensif,
à l'écart, un de ses amis lui demanda en riant :

« — Mais quel problème êtes-vous donc en
train de résoudre ?... Que cherchez-vous ?...

« — Vous avez raison, mon cher, répondit
Marceau ; c'est un vrai problème dont je cherche
la solution, et tout ce qui m'entoure ne m'aide
pas à y arriver... *Je cherche Dieu...* »

Entre deux quadrilles, la boutade de Marceau
fut trouvée plaisante ; elle fit le tour du salon,

et un vieux capitaine de vaisseau qui lui avait
toujours témoigné une paternelle affection, le
prenant à la boutonnière, lui dit :

« — Ah ça, mon cher Monsieur Marceau,
qu'avez-vous aujourd'hui? Pourquoi ne dansez-
vous pas? A votre âge, on ne vient point ici pour
songer aux questions sérieuses. Croyez-moi, la
plus sérieuse de toutes les questions pour vous,
c'est de songer à fixer votre existence et à vous
marier... La chose est difficile, mais elle en vaut
la peine. Vous avez de l'avenir, un beau nom...
Rien ne vous manque de ce qui peut donner
le bonheur...

« — Il est vrai, répondit Marceau, rien ne me
manquerait si le bonheur se trouvait dans les
choses de la terre... Je pourrais faire un mariage
riche et honorable, mais après... Je suppose que
je serais le plus heureux des époux et des pères,
je ne le serai pas toujours... La douleur et la mort
viendront ; et mes regrets et mes souffrances
dépasseront alors mes joies... Non, Dieu seul, je
le sens, Dieu seul peut emplir mon cœur. Et si
j'en avais la force, je trouverais le grand secret
du bonheur... »

En vain, les amis essayèrent de dissiper dans
une joie bruyante ce qu'ils appelaient « les
idées noires » de Marceau ; avec les jours et les
semaines, elles pénétrèrent plus avant dans l'esprit de l'officier. Une autre circonstance vint leur
donner une nouvelle vigueur.

Marceau avait une sœur, Madame de la Pinsonnière : celle-ci perdit son fils unique. Cet enfant idolâtré était la joie et l'espoir de toute la famille ; quand arriva le coup foudroyant, l'officier de marine chercha dans son cœur toutes les consolations qu'il pouvait offrir à sa « chère Evelina ». Il sut trouver des paroles affectueuses, qui dévoilaient les richesses de ses instincts naturels, mais il lui fut impossible de verser le baume qui adoucit les douleurs les plus cuisantes ; la religion catholique a seule le secret de ces espérances de rendez-vous dans les mystères de l'au-delà.

Marceau fut obligé de s'avouer impuissant : « Au fait, écrit-il à sa mère, que puis-je offrir à cette pauvre sœur en compensation de tout ce qu'elle a perdu ? je ne vois rien qui lui reste. » Il sent bien que la foi est le seul recours en ces grandes circonstances, mais la sienne est inerte et il rougirait de la présenter à une âme qu'il aime ; malgré tout, son affection faisant taire son orgueil, il reprend la plume et laisse tomber ces lignes :

« Nous n'avons point d'espérance à donner à notre chère Evelina ; il faut absolument qu'elle prenne ses consolations dans la religion. Ce n'est que là que nous pourrons en trouver ; car celles-là seules sont impérissables. Mais de quel côté se tourner ? A quel prêtre demander du secours ? Je n'en connais point. Il n'y a donc que dans nos sentiments religieux que nous puissions nous réfugier. Moi, qui ne suis point catholique, qui, à bien dire, ne saurais formuler ma religion, mais qui me suis occupé avec bonheur des sectes philosophiques et religieuses, je crois avoir trouvé une grande force dans la croyance à l'immortalité de l'âme. »

Il y a dans ces lignes des aveux précieux; Marceau reconnaît l'impuissance du culte ridicule auquel il a livré son âme et il semble qu'il aspire à rencontrer des espérances plus solides, mais son esprit n'a pas encore la force de s'élever jusqu'au Ciel où elles résident; pour cela il faut la prière.

Il est vrai que si l'officier ne prie pas encore, d'autres prient pour lui; un de ses meilleurs amis, le commandant du Couëdic, qui admire les qualités brillantes de Marceau autant qu'il déplore son aveuglement, a entrepris résolument de lui faire partager ses propres croyances. Comme il comprend la difficulté de la tâche, il prend les grands moyens, et pendant de longues semaines recommande son incrédule ami à l'œuvre de l'Archiconfrérie de Notre-Dame des Victoires, dirigée par le vénérable abbé Desgenettes. Le commandant connaît toutes les qualités d'une bonne prière, et la persévérance ne lui fait pas défaut; chaque semaine, il est à Notre-Dame des Victoires pour renouveler ses intentions.

« — Mais enfin, qu'est-ce donc que votre ami Marceau ? lui dit un jour M. Desgenettes.

« — C'est,... lui répond l'officier, c'est Satan

en personne sur la terre !... Convertissez-le et vous verrez le bien qui en résultera. »

A quelques jours de là, du Couëdic, étant de retour à Toulon, rencontre Marceau et lui demande de ses nouvelles ; celui-ci répond d'un air soucieux :

« — Çà ne va pas aussi bien que de coutume : des idées fatigantes me traversent la tête. Je me prends à me demander ce que nous sommes venus faire sur la terre ? ce que sera notre avenir ?

« — Bien, très bien ! s'écrie du Couëdic. Je vois que le P. Desgenettes n'a pas oublié mes recommandations à l'Archiconfrérie. »

Marceau reste déconcerté en voyant la joie de son ami et en l'entendant prononcer les mots de P. Desgenettes et d'archiconfrérie, qui sont pour lui plus que de l'hébreu. Son étonnement augmente encore quand du Couëdic lui souhaite, en le quittant, des tortures spirituelles encore plus fatigantes que celles qu'il éprouve.

Quelques semaines plus tard, les deux amis se retrouvaient à bord du *Scipion,* sur la Méditerranée, et reprenaient l'entretien de Toulon. C'était par une belle matinée de mai, en 1841 ; les deux officiers se promenaient sur la dunette du navire ; tout invitait à la joie et à la confiance ; et cependant Marceau restait toujours pensif. Au bout d'un instant, du Couëdic fit tomber la conversation sur la question religieuse :

« — Je vous accorde, lui répondit Marceau,

que Dieu soit notre but unique, qu'il soit le seul objet de nos investigations ; mais encore faut-il que ce Dieu inconnu se manifeste à nous d'une façon quelconque. Or, pour ma part, il y a dix-huit ans que je le cherche et c'est entièrement en vain.

« — C'est qu'apparemment vous ne le cherchez pas où il est, lui répliqua son ami. La science et l'étude ne suffisent pas pour cela ; comment feraient les pauvres ? Il faut surtout du désir, du cœur et de la volonté. »

De tous les systèmes religieux et philosophiques que Marceau avait étudiés jusqu'alors, il avait éliminé à dessein le christianisme ou ce qu'il appelait « la secte des prêtres et des jésuites. » Son seul argument contre la religion catholique était donc son scepticisme.

« — Comment voulez-vous, disait-il à du Couëdic, que nous puissions jamais nous entendre ? Vous affirmez et moi je nie. Vous me parlez de surnaturel et de révélation quand ma raison n'admet que la critique et le libre examen.

« — Vous niez, mon cher Marceau, lui répondit son ami, c'est fort bien, surtout c'est fort commode. Mais avant de tant vous révolter contre une doctrine quelconque, faut-il encore le faire avec connaissance de cause. Vous qui avez approfondi le saint-simonisme, le positivisme, le fouriérisme, le rationalisme, le criticisme et toutes les doctrines philosophiques que les savants s'efforcent tour à tour de prêcher au peuple et aux ignorants, avez-vous jamais étudié le christianisme (1)?... »

Marceau fut obligé d'avouer que non... il ne s'en était jamais mis en peine.

« — Eh bien ! reprit du Couëdic, modérant l'expression d'un triomphe trop facile, vous ne connaissez pas notre religion, ou vous ne la connaissez que par les attaques dont elle est l'objet, et cela vous suffit pour la juger !... — Un homme comme vous, intelligent, loyal, qui ne désire que la vérité, peut-il procéder aussi légèrement et condamner ce qu'il n'a pas sérieusement examiné?... Au reste, il y a un fait énorme qui doit vous frapper : c'est que le christianisme n'est pas comme ces systèmes humains, nés d'hier, et dont personne ne peut dire que la vie sera longue. Notre religion date de dix-huit cents ans ; elle a paru à une époque où l'esprit humain était fort exercé aux questions métaphysiques. Elle s'est répandue partout ; des hommes distingués, dans tous les genres, dans tous les pays, dans tous les siècles, s'en sont déclarés les fidèles disciples ; elle dure, malgré les attaques dont elle ne cesse d'être l'objet ; il faut donc qu'elle soit douée d'une grande force, et qu'elle présente autre chose à notre croyance qu'un ramassis de fables ridicules et de pratiques plus ridicules encore. Il me

(1) F. JULIEN, *Vie de Marceau*, p. 35.

semble donc que cette religion est digne des investigations d'un esprit comme le vôtre, et que ce n'est pas trop exiger de vous demander quelques heures d'étude.

« Mais, mon cher Marceau, ajouta le commandant, sachez bien une chose : l'étude est indispensable, mais elle ne suffit pas sans l'ardent désir qui pousse vers Dieu, c'est-à-dire sans la prière (1). »

Trois mois après ce sérieux entretien, les deux officiers que les obligations du service avaient séparés, se retrouvaient à Toulon. Du Couëdic revenait d'un voyage à Alger pendant lequel il était resté sans aucune nouvelle de Marceau ; quelle ne fut pas sa surprise en le rencontrant, un matin de bonne heure, en uniforme, sortant au milieu de la foule par la porte large ouverte d'une église.

N'en croyant pas ses yeux, il court à lui et saute à son cou en s'écriant :

« — Ah ! je vous y prends !... N'est-ce pas un rêve, est-ce bien vous que je vois ?...

« — Non, ce n'est pas un rêve, lui répond Marceau, d'un ton calme et dégagé. C'est bien moi ; depuis que je ne vous ai vu, j'ai suivi vos conseils : j'ai lu, j'ai prié. Dieu a fait le reste (2). »

(1) *Loc. cit.*, p. 39.
(2) *Loc. cit.*, p. 37.

Dans cet espace de trois mois, que s'était-il donc passé?...

II

Touché par les arguments de M. du Couëdic et pressé par la grâce divine, Marceau avait pris la résolution d'étudier cette religion dont il disait tant de mal et qu'il connaissait si peu.

Il demanda l'adresse du prêtre qui dirigeait la bibliothèque catholique à Toulon et alla le prier de lui indiquer les livres nécessaires pour le mettre au courant de ce qu'il désirait. L'abbé Gilbert eut le talent de découvrir promptement à qui il avait à faire ; il remit à l'officier incrédule la *Démonstration évangélique* de Mgr Duvoisin.

Ce livre joint au mérite d'être court celui de s'adresser directement à l'homme du monde qui rejette le catholicisme sans s'être jamais donné la peine de l'examiner. C'était le cas de Marceau...

L'officier ouvre donc le livre, non pas encore avec la volonté sincère de se rendre à ses raisonnements, mais en homme qui veut passer pour loyal en n'attaquant que les choses qu'il connaît. Les premières pages l'étonnent par leur simplicité ; il ne trouve pas ce qu'il attendait ; il poursuit sa lecture, et ne voit que des choses très

raisonnables : nulle fable, nul dogme si étrange...
Des raisonnements, rien que des raisonnements
qui s'enchaînent et entraînent l'adhésion de
l'esprit.

Marceau tourne les pages et se sent déjà
ébranlé ; survient le chapitre VI sur la résurrection de Jésus-Christ. Le fait est évident, et ne
peut être mis en doute ; mais si Jésus-Christ est
ressuscité, c'est qu'il est Dieu, c'est que sa religion est divine... L'incrédule est effrayé de toutes
les conséquences ; il ferme le livre d'un geste de
dépit et s'écrie :

« — Je finirais bien par croire toutes ces
sottises ! »

Là-dessus, il sort pour chercher une diversion
à des pensées si absorbantes ; mais la grâce n'aban-
donne pas ainsi son œuvre.

Une semaine ne s'est pas écoulée que Marceau
reçoit la visite d'un de ses amis, excellent chrétien. Celui-ci aperçoit le livre sur la table de
travail de l'officier et ne peut réprimer un mouvement d'étonnement :

« — Quoi ! dit-il, vous étudiez donc la religion ?... Comment trouvez-vous cet ouvrage ?...

« — Intéressant, répond Marceau embarrassé.

« — Eh bien alors vous êtes des nôtres, reprend
le chrétien. »

Marceau hésite et finit par avouer qu'il a inter-
rompu sa lecture.

« — Comment ! reprend son ami, mais c'est une

lâcheté. Ce que vous avez lu est vrai ou faux ; si c'est vrai, vous devez vous rendre, il n'est pas permis à un homme d'honneur d'hésiter... »

Et après ces paroles vives, il détourne la conversation pour ne pas augmenter l'embarras de l'officier incrédule. Mais celui-ci a compris ce qu'il se doit à lui-même ; il reprend sa lecture, achève la *Démonstration évangélique*, puis y ajoute le *Christ devant le siècle* de M. Roselly de Lorgues.

Il est de plus en plus étonné de la gravité des preuves et de l'autorité des témoignages sur lesquels repose le caractère surnaturel de la mission du Christ, et un rayon lumineux traverse son âme. Est-ce la foi ? est-ce la pleine adhésion de l'intelligence ?... Non pas encore, mais c'est l'aurore qui la précède.

Pour nous faire connaître l'état d'âme de Marceau à cette période de sa vie, nous avons une lettre précieuse qu'il adressait à sa mère le 23 août 1841 :

« Tu es effrayée souvent, ma chère mère, de l'espèce de malheur qui semble s'attacher à nous qui, aux yeux des hommes, passons sans doute pour ne pas le mériter... Moi aussi, tu le sais, j'ai été quelquefois révolté de ce malheur incessant. Aujourd'hui je crois que nous devons en bénir le ciel.

« Ma chère mère, tout ce qui vient de nous arriver m'a ouvert les yeux. Tu n'ignores pas que

Est-ce bien vous que je vois ? (Page 53.)

dans mon désir de trouver le bien et la vérité, éloigné que j'étais de la religion catholique, je me suis jeté, autant que mon genre de vie me le permettait, dans l'étude de la philosophie. Tu m'as entendu dire combien je m'étais trouvé heureux de cette étude. Ma raison était comme satisfaite d'avoir reconnu la vérité par sa propre force, et ce contentement a duré tant que je n'ai pas eu à souffrir. Mais lorsque la mort de ce pauvre enfant est venue nous frapper d'un coup si inattendu, et que j'ai voulu chercher dans ce que je savais des motifs de consolation, tu l'as vu, bonne mère, je n'ai trouvé autre chose que ce que nous enseigne la religion ; et songeant au bonheur d'aller vous embrasser, je désirais d'étudier avec vous pour cette raison.

« Toutefois, je le sens aujourd'hui, j'étais peu préparé à cette étude ; les succès que j'avais eus depuis six ans m'avaient rempli d'orgueil, et la religion demande des cœurs humbles. Mais j'étais en relation plus intime que par le passé avec un de mes amis qui, d'homme incrédule et très dissipé, est devenu catholique fervent et qui m'a prêté quelques ouvrages sur la religion.

« Je les ai lus, et, ce qui n'aurait pas eu lieu autrefois, je les ai compris. *Je ne puis pas dire, hélas ! que je suis aujourd'hui chrétien ;* mais enfin, bonne mère, j'entrevois qu'avant peu j'aurai le bonheur de l'être. »

Ces lignes nous donnent la notion exacte des

progrès de la vérité dans l'âme de l'officier de marine ; il continua ses lectures et essaya d'infirmer les preuves de la mission de Jésus-Christ par des témoignages historiques étrangers au christianisme. Ce fut en vain.

Il trouva au contraire « que les actes de cette divine existence s'étaient toujours et partout accomplis en public, au grand jour, devant des milliers d'hommes, souvent même en face des pharisiens et des docteurs de la loi. Il trouva que, depuis cette époque, chrétiens, juifs et païens avaient contrôlé tous ces actes ; qu'ils les avaient pesés et discutés, tournés et retournés, passés au crible de toutes les critiques. Et *devant le plus large et le plus constant assentiment que jamais croyance ait obtenu au monde,* il se rendit (1). »

Comme saint Paul sur le chemin de Damas, il resta terrassé ; devant la certitude historique de la sublime et lumineuse réalité du Christ, il reconnut qu'on ne peut rester incrédule... et il crut.

Sous l'empire de cette conviction, il écrivit :

« J'ai lu, j'ai réfléchi, je crois. Je suis converti. »

III

Si l'homme intelligent ne pense pas s'abaisser en se rendant à l'évidence et en donnant l'adhé-

______

(1) *Commentaires d'un marin,* p. 37.

sion de son esprit aux raisons qui l'ont convaincu, en est-il absolument de même quand il s'agit d'en venir aux conclusions et de descendre dans le détail de la pratique?...

Croire, passe encore, en dépit de tout un passé d'indifférence, sinon de sarcasmes et de railleries ; mais pratiquer la religion, mais communier, mais se confesser, c'est dur pour un homme de mer, surtout quand on s'appelle Marceau. Il y avait là une révolte de l'amour-propre dont le nouveau croyant n'était pas encore le maître. Il fallait que la grâce achevât son œuvre !...

L'officier resta donc quelque temps avant de faire le pas décisif qui devait le conduire à Dieu, lorsque le même ami qui l'avait engagé à reprendre sa lecture vint le sortir de ses hésitations.

— C'est bien de croire, lui dit-il, mais cela ne suffit pas ; il faut pratiquer, se vaincre soi-même et pour cela prier. C'est par là qu'il faut commencer.

— Vous parlez bien, répondit Marceau, mais je ne peux pas prier. il y a dix-huit ans que je ne l'ai pas fait et je ne sais aucune prière.

— Prenez un livre et récitez seulement le *Pater* et l'*Ave*.

Le vertueux ami n'avait pas plutôt quitté Marceau, que celui-ci se mit en demeure de céder à ses pieux conseils et il nous retrace dans une page inoubliable cette heure importante de sa vie :

« Je me promenais dans mon jardin, et réfléchissant à ce qui m'avait été dit, je voulus faire le signe de la croix. Je portai la main droite à mon front ; mais aussitôt je me retournai avec effroi de tous côtés, pour voir si on m'apercevait. Indigné contre moi-même, j'achève de marquer sur moi le signe sacré de notre salut. Au même instant, j'éprouve dans tous mes membres comme un frisson électrique ; une transpiration subite couvre mon corps... Je ne savais plus ce qui se passait en moi, je sentais que je venais de faire quelque chose de grand. Mille sentiments opposés et indéfinissables se pressant dans mon cœur, je tombe à genoux dans ce jardin même, en fondant en larmes ; j'essaie de dire le *Pater*, je l'avais oublié. Je rentrai chez moi, je cherchai le livre de prières de ma domestique, et j'y lus le *Pater* et l'*Ave*. »

Quand Marceau se releva, il se sentit plus fort, plus capable de lutter contre l'orgueil qui l'avait arrêté jusqu'alors. Ayant puisé à la source des grâces, il allait sur-le-champ en éprouver les effets bienfaisants. Là se place une autre intervention dont nous n'avons parlé qu'insuffisamment jusqu'ici et qui cependant doit occuper le premier rang dans la conversion de Marceau. Il s'agit de l'action de la Sainte Vierge invoquée sous le titre de Notre-Dame des Victoires. Ecoutons l'officier rendant lui-même justice à la Mère des miséricordes :

« Le premier jour où j'essayais de prier, écrit-il, lorsque je me relevai, il me vint subitement à l'esprit : Et ta médaille de la Sainte Vierge?

Ce souvenir était pour moi tout un évènement. Il se lie à la grande maladie que je fis en 1836. Lorsque je revins mourant du Sénégal, on me transporta, tu le sais, de Brest au Mans, chez cette bonne dame de Vauguyon, notre parente. Elle eut pour moi les bontés d'une mère et me voyant dans un état presque désespéré, elle ajouta la prière aux prescriptions des médecins. Elle me recommandait à toutes les communautés, et dans son humble et naïve confiance à la Mère de Dieu, elle fit mettre dans mon lit une médaille bénite. Lorsque je fus guéri, et qu'après un congé de six mois je revins lui faire mes adieux et mes remerciements avant de partir pour l'Orient, elle me remit une médaille de la Sainte Vierge, en me priant de la conserver. Je la pris et je la mis au milieu de mes hardes ; elle y est toujours restée, et m'a suivi partout. Or c'est ce souvenir qui s'est offert à moi immédiatement, à la première prière que j'ai faite.

« J'allai de suite au tiroir de mon secrétaire, dans lequel elle était ensevelie ; je la mis au cordon de ma montre, et je la portai sur moi. *Dès ce moment*, chose étonnante ! je me suis senti entraîné dans les voies de la religion avec une facilité merveilleuse et sans éprouver ces difficultés qu'ont la plupart des hommes de mon âge. Tu comprends, bonne mère, que je ne suis pas devenu bon pour cela ; c'est une affaire de temps et de volonté pour moi. Mais j'ai avancé très rapidement dans la croyance, et enfin j'ai renoncé sans peine à beaucoup de choses.

« Puis, quel n'a pas été mon étonnement, lorsqu'en lisant un certain livre, intitulé : *Manuel de l'Archiconfrérie du Saint et Immaculé Cœur de Marie*, j'ai vu que cette association a été fondée à Notre-Dame des Victoires, à Paris, à la même époque où je tombai malade, en 1836; que les prières des associés ont obtenu des miracles de conversion et de guérison, dans des cas désespérés d'irréligion ou de maladie; et qu'enfin tous ceux qui en sont membres doivent porter la médaille, dite *Miraculeuse* à cause de son origine. Pour moi, il n'y a pas le moindre doute, bonne mère, j'ai été protégé, d'une manière toute spéciale, **par la Sainte Vierge**, *et c'est à Elle que je dois le changement qui s'est opéré en moi*; cette protection, je l'ai due encore aux prières des cinquante et quelques mille membres de l'Archiconfrérie, dont je faisais partie, grâce à cette bonne dame de Vauguyon (1).

« Aussi n'ai-je pas hésité à écrire de suite à Paris, pour me faire inscrire parmi les membres de l'Association. C'est sans doute un fort petit acte d'hommage; mais Dieu est riche en miséricorde; il nous est tenu compte là-haut de tout avec libéralité, si mince que ce soit. On n'a pas

---

(1) Aujourd'hui c'est par vingt-cinq et trente millions qu'il faut compter le nombre des associés.

Je tombe à genoux, fondant en larmes (page 62).

besoin là de pairs de France ni de députés pour être récompensé d'une manière bien au-dessus des mérites (1). »

Sous l'égide de cette protection puissante, Marceau prit l'habitude de la prière et entreprit résolument la réforme de ses habitudes et de son caractère. Il ne lui restait plus qu'un pas à faire, mais il hésitait à le franchir. Une chute l'y décida. Il tomba un jour dans le péché d'une façon si horrible, qu'il sentit le besoin de mettre un frein à ses passions en rentrant en grâce avec le bon Dieu.

Se souvenant de cette parole de Pascal : « Si pour croire que deux et deux font quatre, il fallait être sobre, chaste et se confesser, on verrait les trois quarts des hommes passer leur vie à démontrer que deux et deux font cinq, » il foula aux pieds les dernières hésitations et résolut d'aller trouver un prêtre.

Mais il semble que les obstacles s'accumulaient pour augmenter encore les mérites du nouveau converti. L'abbé Olivier sur qui s'était porté le choix de l'officier était absent pour quelques jours et Marceau dut différer sa confession. C'était un nouveau piège que lui tendait le démon ; le même ami charitable qui, plusieurs fois déjà, était arrivé à temps pour encourager sa volonté chancelante, lui démontra que si

(1) *A. Marceau*, p. 54.

M. Olivier était absent, il y avait bien à Toulon d'autres prêtres pour entendre la confession d'un pécheur repentant, et il le conduisit à l'abbé Marin, aumônier du bagne et de la flotte.

Nul prêtre n'était mieux fait pour servir d'intermédiaire entre Dieu et Marceau, si l'on en croit le portrait que nous avons sous les yeux. « Ses vertus avaient attiré autour de son nom une véritable célébrité. Aux yeux de tous ceux qui l'ont connu, l'abbé Marin représentait en effet un de ces types qui honorent l'humanité, un de ces apôtres d'abnégation, de foi et de charité, tels que le catholicisme nous en offre encore de si remarquables exemples.

« C'était aux derniers rangs de la société, aux deux classes stigmatisées, aux forçats et aux filles perdues que s'adressait plus spécialement son zèle évangélique. Ce n'était point seulement un devoir et une pieuse tâche qu'il semblait accomplir ; c'était avec amour, avec une sainte passion, qu'il allait rechercher au fond de cet impur mélange ce qui pouvait encore être purifié et sauvé... Sur les marches de l'échafaud ou sur leur lit d'agonie, que de grands criminels il a réconciliés avec Dieu ! Là où la justice des hommes restait inexorable, la grâce et la miséricorde se répandaient par ses mains.

« Pendant vingt-cinq ans, il a consacré son temps et sa fortune au développement de l'œuvre qu'il avait commencée. Aujourd'hui, grâce à lui, plus de deux cents personnes, vouées à la prière et au travail, vivent en paix dans un asile qu'il a ouvert au repentir. C'est la maison du Bon Pasteur. Derrière les hautes et sombres murailles qui l'isolent d'une grande cité, que de douleurs secrètes ! que de désespoirs inconnus ! que de romans commencés dans la joie et finis dans la honte ! Mais aussi, que de souillures lavées dans la pénitence et dans les larmes ! Que d'âmes transfigurées et bénies ! Toutes les fois qu'à travers les grilles de ce cloître on entend s'élever en chœur ces voix de femmes, dont quelques-unes sont encore fraîches et vibrantes, on se laisse involontairement aller à je ne sais quelles douces et vagues pensées ; on se surprend à songer au calme après l'orage, au port après la tempête, aux fantômes de l'amour profane s'évanouissant aux premiers rayons de l'amour divin.

« Dans ses dernières années, l'abbé Marin consacrait une partie de son temps à l'instruction religieuse des équipages de la flotte. Tous ceux qui, le dimanche, l'entendaient à la messe expliquer, en quelques mots, l'Evangile du jour, restaient frappés de la lumière et de l'autorité de ses paroles. Les officiers et les matelots se pressaient près de lui. Il possédait à un point merveilleux cet art si difficile de parler simplement. Sa parole s'imposait en allant droit au cœur. Son œil vif et doux s'animait ; son front, autour duquel semblait déjà briller l'auréole des saints, s'illuminait de tous les reflets de son âme. Jamais figure humaine ne nous présenta mieux le type éternel de la beauté chrétienne ; beauté sévère, mais idéale ; beauté qui fait rêver, qui améliore, qui console, qui réconcilie l'homme avec l'humanité (1). »

Tel était le prêtre à la porte duquel la Providence avait conduit Marceau. Les présentations sont faites, et on prend jour pour le lendemain. Fidèle au rendez-vous, l'officier arrive à l'église à l'heure indiquée, mais le confessionnal est assiégé : sans hésitation, sans fausse honte, Marceau s'agenouille et prend place à la suite des bonnes femmes qui l'entourent. Deux heures durant, il attend ainsi, à genoux sur le sol. Enfin, son tour arrive.

— Pourquoi, lui dit l'abbé Marin, ne m'avez-vous pas fait avertir ?...

— Mon Père, répond Marceau simplement, *il y a dix-huit ans que Dieu m'attend avec patience !* Je pouvais bien attendre deux heures...

Après cette magnifique réponse, que se passa-t-il dans ce confessionnal ?... Il n'est pas permis aux mortels de sonder le mystère des âmes ; nous pouvons seulement admirer les merveilles de la grâce et contempler le chemin parcouru depuis quelques mois. Est-ce bien là ce fier offi-

(1) Félix Julien, p. 40.

cier du *Scipion* qui fait trembler tout l'équipage sous sa parole de fer? ce saint-simonien sceptique dont les lèvres se contractent d'une expression de mépris au seul souvenir du culte catholique? Est-ce bien lui qui est là enfermé, seul avec le prêtre, agenouillé humblement, les yeux humides de larmes brûlantes?...

Cependant tout n'est pas achevé : ce premier entretien se termine, mais Marceau ne se croit pas digne encore de la sentence du pardon. Il remet à quelques jours la réconciliation définitive, comme pour savourer goutte à goutte le calice amer du repentir, et il faut que, comme sur un nouveau Sinaï, Dieu fasse entendre sa voix.

C'est le dimanche, Marceau rend visite à la famille d'un officier; il est seul avec la maîtresse de la maison, quand tout à coup un orage épouvantable éclate au milieu de la conversation. Certes l'intrépide marin est habitué aux grondements de la foudre et aux hurlements de la tempête; mais « ces tonnerres, avoua-t-il plus tard, ont une expression particulière pour lui; » il lui semble que Dieu va le frapper pour le punir de ses crimes et de ses retards à se donner à lui, et il a peur... il tremble de tous ses membres.

Soudain le nuage se déchire, une lumière aveuglante enveloppe l'appartement, la foudre éclate sur la maison, ébranlant les vitres des fenêtres et tous les meubles du salon. Eperdu, Marceau, sans prendre congé, interrompt brusquement sa visite et s'enfuit... Arrivé à sa demeure, il tombe à genoux et supplie Dieu de l'épargner, lui promettant avec larmes de se corriger de ses défauts et d'achever sur l'heure sa confession.

Le lendemain, il recevait l'absolution et le 9 octobre 1841, en une fervente communion, le Dieu de l'Eucharistie scellait sa réconciliation avec l'officier incrédule qui, depuis de si longues années, l'offensait et le blasphémait sans relâche.

Ainsi se termina le triomphe de la grâce : elle fut belle cette heure de la victoire définitive et nous en trouvons un écho affaibli en ces lignes extraites des *Souvenirs* de l'officier :

« Lorsque je me vis au pied de l'autel, au moment de la communion, une pensée vint agiter mon âme. Crois-je à la présence réelle ?... mais je méprisai la tentation et ne répondis rien. Puis le prêtre s'étant retourné vers moi, et présentant la sainte hostie, je me mis à trembler d'émotion et de respect, j'entrai en transpiration, et je reçus, avec une véritable foi, le corps de notre divin Sauveur. Je fus seulement un peu triste de ne pas ressentir une ferveur plus sensible ; mais je dis à Dieu : Que votre volonté soit faite et non la mienne ! Ensuite je fis mon action de grâces ; et comme je me plaignais humblement à Marie,

Quel ne fut pas l'étonnement de toute la ville, en le voyant assister
à la procession (page 78).

de ne pas éprouver un amour assez vif pour son divin Fils, je sentis tout à coup mon cœur se dilater et des larmes de reconnaissance mouiller mes paupières. En cet instant, j'étais aussi détaché de la terre qu'il soit possible de le concevoir, et je vis clairement la vérité éternelle. Ce mouvement fut rapide, mais rempli d'une grande joie. *Je passai le reste du jour, enfermé chez moi, occupé à prier ou à écrire.* »

CHAPITRE IV

Le Converti.

Lutte contre le respect humain. — Humilité. — Vigilance. — Calme
de la vertu.

I

L'officier dont la fougue irréligieuse cédait
terrassée sous l'effort de la grâce, accomplissait
sa trente-sixième année; il ne lui en restait plus
que dix à parcourir pour achever sa carrière.
Mais ces dix ans devaient amplement suffire pour
donner au monde le noble exemple d'un passé
héroïquement réparé. Se souvenant de son illustre
patron, le nouvel Augustin allait s'avancer dans
la voie nouvelle avec d'autant plus de zèle qu'il
avait plus tardé à se donner à Dieu; le XIX\ siècle
ne connaîtra pas d'exemple plus frappant d'une
conversion plus entière. Marceau l'incrédule ne
doit pas devenir simplement un catholique, un
catholique pratiquant : il veut être un saint.

Tout d'abord il s'efforce de tuer en lui l'homme
du passé, et pour cela c'est au respect humain
qu'il s'adresse, l'attaquant de front et le foulant

aux pieds. Toutes les villes qui ont été témoins de ses scandales et de sa vie plus ou moins mal réglée, le voient maintenant suivre ostensiblement les exercices publics du culte catholique ; au milieu du cortège des humbles et des pauvres, il se rend à l'église en costume d'officier de marine. Sa conversion est surtout intérieure, mais il veut que personne n'en ignore et, bravant les railleries et les quolibets d'anciens camarades de plaisirs, il reste agenouillé sous les yeux de tous.

Parfois il s'aperçoit de l'attention d'assistants venus pour le tourner en ridicule, mais il ferme les yeux en se disant à lui-même : « Reste là, orgueilleux, pour expier le passé ! » et aux personnes qui lui rapportent les agissements de ces officiers indiscrets, il répond : « J'ai été comme eux ; que ne peuvent-ils être bientôt comme moi !... »

Pour éviter les plaisanteries des mondains, quelques amis timorés lui conseillent de ne pas attirer l'attention et de revêtir des habits civils, mais il réplique : « On se garderait bien de paraître devant les princes sans le costume militaire, et vous voudriez que je le quittasse pour paraître devant le Roi des rois ! » Ces pratiques « inspirées par la peur » lui répugnent, et les constatant chez quelques-uns de ses collègues bons mais faibles, il prend la résolution d'y substituer une habitude contraire.

Ce courage au reste produit le meilleur effet.

comme en témoigne un de ses anciens camarades du *Minos*. « Je revis Marceau à Lorient… Quel ne fut pas l'étonnement de toute la ville, en voyant assister, cierge et chapeau à la main, à la procession de la Fête-Dieu, celui qu'elle avait vu, quelques années auparavant, apôtre exalté du saint-simonisme, tout à fait homme du monde, et même passablement libertin ! » Mais aux réflexions de tous, Marceau répondait : « J'ai été publiquement incrédule et apôtre trop éloquent, hélas ! du mensonge ; rien de plus juste que de réparer ce scandale donné à la société (1) !… »

Un amiral crut cependant devoir rappeler le converti au respect des usages, en lui disant « qu'il n'était plus dans les mœurs qu'un officier communiât si souvent ! » Marceau sût lui répondre poliment et tout en faisant de son observation le cas qu'elle méritait. Une autre fois, il se trouve à la table d'un haut fonctionnaire, assistant à un dîner servi tout en gras. C'est vendredi, et Marceau observe les lois de l'Eglise ; il ne mange pas ; le maître de la maison lui en fait l'observation et l'officier lui en explique tranquillement la raison. Aussitôt on voit sur les lèvres des convives s'exquisser certains sourires de pitié, mais le converti ne bronche pas sous le feu des regards et s'habitue ainsi à triompher de toute tentation de respect humain. Quand on se rappelle ce qu'était

(1) Cité d'après *Marceau,* t. 1er.

Marceau quelques mois auparavant, on comprend ce qu'il doit lui en coûter pour remporter sur lui-même de pareilles victoires, mais il a pris la résolution d'étouffer en lui les dernières « fumées de l'orgueil. »

II

Un de ses collègues rapporte qu'à partir de sa conversion, son extérieur changea subitement. Lui qui était de nature si fière et si hautaine avec ses égaux et même avec ses chefs, se fit « admirable d'humilité. » Le fait suivant en donnera un exemple. Après le combat, on verra la victoire.

« Dans l'établissement de N..., raconte le même témoin, il se passait des faits très graves que ne pouvait soupçonner le ministère. Sur ce chapitre, Marceau prenait feu chaque fois ; j'essayais de le calmer en lui disant: A chacun son œuvre. Mais un matin il m'arrive avec un grand cahier sous le bras :

« — Tenez, me dit-il, voici un mémoire sur... Lisez, annotez si vous le jugez convenable, et certes, il partira !

« Le surlendemain, mon brave camarade revient. Il était rayonnant :

« — Eh bien! mon cher, que dites-vous de mon travail?

« — C'est très lucide, lui répondis-je, très remarquable, et de nature à nous amener une enquête. Je me permettrai seulement une question : Le mémoire vous a-t-il été demandé?

« — Non.

« — Croyez-vous donc, mon ami, que votre devoir exige que vous le produisiez? Pour moi, je ne le pense pas.

« A ces mots je crus revoir le Marceau d'avant la conversion, le Marceau de 1840.

« — Ah! c'est bien vous, s'écria-t-il avec violence. Toujours l'homme à temporisation! Vous ne voyez donc pas monter le flot des abus, etc., etc. Et le voilà parti!

« Deux jours après il rentrait calme, serein, avec ce bon sourire et ce bel œil intelligent, suave et tendre que vous lui avez connu comme moi :

« — J'ai vu le bon Père L..., me dit-il avec une simplicité touchante, je lui ai communiqué mon mémoire; il pense aussi que je ne dois l'envoyer au ministère que dans le cas où il me serait demandé. Vous comprenez, c'est une affaire finie. Je suis toujours le même, mon ami. Le bon Dieu m'avertit cependant sans cesse.

« Et il me demanda pardon de sa vivacité. »

Ce triomphe était d'autant plus méritoire, qu'on se rappelle que la science spéciale de l'officier dans les questions de vapeur le rendait parfois justement sévère à l'égard de ses chefs.

Malgré tout, Marceau converti crut devoir rabattre de ses anciennes prétentions. Ses *Souvenirs* font mention d'un fait de même genre qui est encore plus honorable, puisque là ce n'est qu'à sa propre conscience qu'il doit le mérite de la victoire :

« J'ai éprouvé, dit-il, une grande grâce du Seigneur et remporté par sa force une victoire *sur mon orgueil*. Ayant reçu de Vaugrigneuse une lettre dans laquelle il me parlait de l'effet produit par mes articles sur la vapeur, je fus tenté de lui en adresser d'autres sur le même sujet, ainsi qu'il m'en faisait la demande. Je me disais que j'écrirais dans l'intérêt du service et que c'était un devoir. Assez mécontent de mes raisonnements, j'allai consulter mon directeur, sans toutefois lui parler de mon *auto-da-fé*. Il me rassura et m'engagea même à poursuivre ce projet, pourvu que je m'abstinsse de toute personnalité. Mais la grâce voulait quelque chose de plus de moi : à mon examen de conscience, je me reprochai d'avoir surpris la religion de ce respectable ecclésiastique, et je résolus de lui soumettre tous mes écrits. Mais Dieu me força encore dans ce dernier retranchement, et après m'être débattu un jour et une nuit entre le sacrifice et l'amour-propre, je me mis à prier de tout mon cœur Notre-Seigneur et la Sainte Vierge, et enfin je pus dire, au moment de l'élévation, dans toute la plénitude de ma volonté : Mon Dieu, je vous promets de ne jamais écrire tant que M. D... sera à ce poste, et de servir sous ses ordres avec toute l'humilité possible. »

C'est par des luttes aussi souvent répétées que Marceau se rendit maître de cet orgueil qui l'avait entraîné si loin au temps de son incrédulité. On le vit chercher presque à dessein l'humiliation de la part de gens qu'autrefois il eut traités de la pire manière. Voilà le trait que nous rapporte son biographe :

« Marceau se présente au guichet de la poste portant à la main une petite boîte et demande poliment à l'affranchir, comme objets d'une valeur de trente francs, qui était la plus petite qu'on consentit alors à recevoir.

« — Quel est l'objet contenu dans cette boîte? demande un *monsieur* à moustaches.

« — Un chapelet et une médaille.

« L'homme à moustaches fronce le sourcil et demande d'un air goguenard comment un pareil objet peut valoir trente francs. Marceau, tout en gardant son calme, explique que son chapelet n'étant qu'en bois n'a pas cette valeur en effet, mais qu'il consent à la lui attribuer pour pouvoir le *recommander*. Sur ce, le monsieur riposte qu'on ne reçoit que des objets ayant la valeur de trente francs, et que l'administration n'entend pas se donner un soin inutile pour des objets n'en valant pas la peine. C'est son *ultimatum*. Au fond, ce qui importait à l'administration, c'était bien moins de savoir ce que contenait la boîte que ce qu'elle rapportait, et notre ami se le disait bien. Mais un chapelet! Comment écouter un homme qui veut expédier un chapelet?... Le sang bouillait dans les veines de Marceau ; cependant il contint sa colère ou son mépris, et se retira calme. Le lendemain, il revint espérant rencontrer un administrateur moins niais ; et trouvant la même figure au même guichet, il se retira encore, calme comme la veille.

« Quiconque a connu le brillant officier naguère si élégant, si vif, si tranchant, surtout quand il avait raison, ne pourra s'empêcher d'admirer Marceau dans la petite loge de l'homme à longues moustaches et à petit esprit (1). »

Au reste, le converti lui-même était surpris de la facilité avec laquelle il subjuguait une passion naguère invincible, et un jour qu'il venait de supporter avec impatience les mauvais égards de deux inférieurs, il laissait tomber le soir cet aveu recueilli dans ses *Souvenirs* :

« O mon Dieu, je vous remercie de la grâce que vous me faites, d'être bienveillant et patient, moi autrefois si gonflé d'orgueil ! Oh ! grand Dieu ! comment pourrais-je jamais vous méconnaître, après les grâces infinies que vous avez répandues sur moi, pour me changer en tout ? »

_____

(1) *Marceau*, t. 1er, p. 197.

III

N'allons pas croire cependant que ces triomphes, effets de la grâce, ne coutâssent rien à la nature ; non, le converti ressentait toujours en lui les élans de l'orgueil et de la chair insoumise, mais il surveillait avec la plus stricte vigilance les moindres mouvements de son cœur, y ajoutant la prière et la garde sévère des sens.

Sa vie jadis oisive et efféminée, au moins à terre pendant le repos, était devenue subitement si sérieuse et si occupée qu'il se faisait un scrupule de recevoir ses amis ou de leur écrire des lettres, qui n'auraient pas eu d'autre but que d'être agréables. On ne trouvait entre ses mains, en dehors des ouvrages de marine, que des livres de religion, de philosophie ou de piété, et pour prolonger les heures consacrées au travail, il ne ne s'accordait plus que six heures de sommeil.

De ses repas, jadis luxueux et raffinés, il retranchait toute superfluité, se condamnant à une pauvre chère et à une façon de vivre fort économique dans le but de payer les dettes qu'il avait contractées au temps de ses dissipations. Pour atteindre plus rapidement l'objet de son désir, on le vit se réduire à cirer lui-même ses chaussures.

Au reste, cet exercice de la mortification plaisait à sa nature énergique qui venait de retrouver tous ses bons instincts et il redisait souvent à ses amis chrétiens qui lui reprochaient sa vie trop sévère : « Sans mortification, il n'y a pas de sainteté. Dieu demande l'hommage du corps, l'hommage du cœur et l'hommage de l'esprit. Quelquefois on amollit, on amortit les conversions. »

C'est pour mettre en pratique ces pieuses maximes que, se trouvant en station à Brest, il voulut se rendre à une chapelle célèbre, dédiée à sainte Anne et située à deux lieues de la ville. L'héroïque officier fit le trajet pieds nus, par un chemin rocailleux, sans se soucier des sourires et des moqueries que sa conduite devait lui attirer. A cette occasion, il disait à son confesseur :

« — Plusieurs me traitent de fou, mais c'est ce qu'il me faut, mon Père ; l'orgueil est mon vice capital, il faut qu'il plie, cet orgueil ! »

Le converti portait l'exercice de sa mortification jusque dans les jouissances les plus légitimes et les plus permises au cœur d'un fils bien né ; c'est ainsi que plusieurs fois il évita d'allonger de quelques heures ses voyages de Brest à Toulon, et se refusa le plaisir d'aller embrasser sa mère qui résidait à Tours.

« Ma bonne mère, écrit-il à un ami, a bien eu le cœur gros, en me voyant revenir directement de Bordeaux sans passer par Tours ; mais il faut bien que je fasse quelques sacrifices, pour expier les folles dépenses que j'ai faites pendant trop longtemps. »

Tous ces froissements de la nature ne sont que des coups d'épingle et chacun isolé peut sembler n'être pas de grand mérite ; on sait cependant que c'est leur pratique journalière qui constitue l'homme vertueux et saint. Cette discipline de la volonté ne s'acquiert que par un long exercice et une constante vigilance sur le mobile des moindres actions. A l'exemple des religieux appelés par état à une perfection élevée, Marceau entreprit de noter chaque soir les imperfections de la journée : rien n'est plus édifiant que ses *Examens* de conscience, mais aussi rien n'est plus capable de nous révéler le secret d'une grande vertu.

C'est le 8 octobre 1841 que Marceau reçoit pour la première fois le gage de la réconciliation et, dès le 17 du même mois, on le voit appliqué à scruter chacune de ses actions et de ses pensées. Ce travail, pendant les deux seules années qui suivirent sa conversion, remplit près de trois cents pages d'où l'on peut extraire les passages suivants :

« *23 octobre.* — J'ai parlé un peu lestement d'un de mes chefs. J'aurais dû être plus mortifié à dîner. »

« *26 octobre.* — J'ai été un peu paresseux. J'ai été trop médisant. Que signifie ce trop ?... comme si j'avais le droit de l'être un peu !... quelle sottise ! »

« *28 octobre*. — Je me suis laissé aller plus d'une fois, dans la matinée, à une opinion haute de moi-même... »

« *6 novembre*. — A bord, j'ai examiné un peu légèrement peut-être les comptes du commis, en homme qui n'a pas tout le courage de son devoir. »

« *13 novembre*. — A la Commission des chaudières du *Tartare*, j'ai blessé mes collègues par mon ton tranchant. J'ai eu le malheur en cette occasion de jeter du blâme sur mon prédécesseur. J'ai été désolé de cette nouvelle chute, sans en concevoir pourtant de ia tristesse, *mais effrayé de ce que je serais, si je n'étais pas revenu à la religion*. »

« *27 novembre*. — J'ai mis peut-être un peu de vivacité à punir un maître, bien qu'il le méritât. — En donnant de l'argent pour une bonne œuvre, je me suis laissé aller à mon ancienne vanité. Je dis ancienne ! comme si j'étais guéri !... »

« *2 décembre*. — J'ai cherché à dire quelques mots pour briller ; sottise ! Puis je me suis laissé prendre à des flagorneries. »

« *15 décembre*. — Chez Madame N... pendant le dîner on a plaisanté sur les ridicules d'une famille, je n'ai pas su faire changer la conversation. »

« *19 janvier 1842.* — J'ai peut-être été un peu faible en ne faisant pas punir assez sévèrement le chauffeur qui s'est évadé. J'ai négligé mes devoirs. »

« *24 janvier.* — A bord j'ai été un peu rude avec un matelot. »

« *10 février.* — Je me suis laissé aller à des pensées de vanité, lorsque du Couëdic m'a dit que je suis le meilleur de nous. »

« *17 mars.* — J'ai manqué à un devoir de politesse avec le second... Je me suis laissé aller à un mouvement d'orgueil et de jalousie contre un ingénieur. J'ai perdu du temps. — J'ai affecté de paraître meilleur que je ne suis. — Je me suis plaint quoique je souffrisse peu. — J'ai, durant l'inspection, cherché plusieurs fois à m'excuser et je n'ai pas assez songé à faire valoir chaque homme... »

« *19 mars.* — J'ai eu la faiblesse de faire connaître que l'idée d'une modification dans les cheminées des machines m'appartient. »

« *26 septembre.* — J'oublie trop facilement que j'ai eu le bonheur de me nourrir, ce matin, de la chair de Jésus, et que je suis toujours en présence de Dieu. »

« *7 octobre.* — Demain il y aura un an que je me nourris du corps de Jésus-Christ... Ai-je profité de cette divine nourriture? Hélas! hélas! que je suis loin de ce que je devrais être après tant de grâces reçues! Mon Dieu! mon Dieu! ayez pitié de moi! »

« *21 novembre*. — J'ai trop de plaisir d'être avec ma mère!!!... »

« *28 janvier 1843*. — Chez l'amiral, je me suis pris un peu peut-être à causer avec les grands, de préférence. »

« *13 juin*. — Chez M. N... j'ai été importun. A la bibliothèque, j'ai été important. »

C'est à regret que nous abrégeons des citations si curieuses : car plus que tous les commentaires, elles donnent la mesure de ce qu'était devenu Marceau sous l'action de la grâce.

IV

L'intérieur de cette âme déjà riche en vertus se réflétait sur son visage et il suffisait de le considérer pour trouver en lui un homme nouveau. Un médecin qui l'a connu à cette époque de sa vie, a laissé de lui ce portrait intéressant :

« Son front, dans de belles proportions de hauteur et de largeur, n'avait point la placidité de l'homme par tempérament pacifique. Aux rides qui le sillonnaient, aux mouvements qui l'agitaient, on reconnaissait le calme après la tempête. Sa bouche était bien proportionnée, mais naturellement dédaigneuse. Une barbe nourrie et ferme, indice de force, encadrait sa mâle figure. Le nez, ce qu'il avait de moins bien dans le visage, respirait la sensualité. Son œil brun, grand, expressif, magnifique, se mouvait sous un épais sourcil dont les contractions fréquentes rappelaient l'officier exigeant, ombrageux, irritable d'autrefois. On ne pouvait donc pas dire que l'expression de ce regard fût douce et aimable ; mais ce qu'il avait de sévère en soi était tempéré par tous les charmes de la charité. Le coupable lui-même n'était plus intimidé ; dans cet œil lançant et retenant des éclairs, il lisait distinctement son pardon et l'amour d'un père (1). »

Les matelots sous ses ordres eurent bientôt à se féliciter d'un changement si subit ; aux abus de pouvoir, aux actes de despotisme avaient succédé les paroles douces, les punitions rares et les avis paternels. Il est vrai que les prières et les exercices religieux, oubliés depuis longtemps, étaient rétablis à bord par le commandant converti ; le blasphème était banni ; mais ces rudes hommes de mer acceptaient aisément les pratiques d'une religion qui produisait en leur commandant des effets si appréciables pour eux.

Aussi bientôt tous ses collègues envièrent son équipage.

(1) Cité d'après *Marceau*, t. 1er.

« — Comment fais-tu donc, Marceau ? lui disaient-ils ; tes hommes sont toujours gais et contents, quelles que soient les corvées qu'on leur commande, tandis que les nôtres se plaignent et crient toujours, sans qu'on puisse les dompter ?

« — Messieurs, leur répondait Marceau, je vais vous donner mon procédé, vous pourrez en user. Quand je vois que mes hommes sont mécontents, je vais passer une heure ou deux devant le Saint-Sacrement, à leur intention, et ensuite tout va à merveille... Essayez-en. »

Tel était l'homme nouveau que la grâce avait transformé ; l'œuvre magnifique opérée en son âme ravissait les regards des anges, et le rayonnement lumineux de ce travail intérieur parvenait jusqu'aux yeux des hommes les moins clairvoyants.

CHAPITRE V

Zèle du Néophyte.

Conversion de Madame Marceau et de Madame de la Pinsonnière.
Soif des âmes.

I

Une des propriétés du bonheur est de chercher
à se communiquer ; l'âme heureuse veut faire par-
ticiper à sa joie tous ceux qu'elle aime ; aussi ne
sera-t-on pas surpris de voir Marceau, à peine de
retour à la foi, célébrer partout les bienfaits de sa
croyance nouvelle et inviter les siens à suivre son
exemple. Chez le converti ce désir naturel était
rehaussé par un sentiment d'une origine supérieure que l'Eglise appelle le zèle.

Nous savons déjà que le nouvel Augustin
n'avait pas eu, comme son illustre patron, le
bonheur de rencontrer à son berceau une pieuse
mère qui eut guidé son enfance et gardé sa jeunesse par les pensées fortifiantes de la foi. Issue
d'une famille noble et profondément religieuse,
Madame Marceau était restée orpheline à six ans,
dans un milieu où on ne parlait jamais de Dieu, et

elle avait été élevée dans l'ignorance la plus complète des vérités religieuses. En avançant dans la vie, l'ignorance était devenue l'incrédulité ; et ses enfants avaient partagé ses erreurs. Il était réservé à l'un d'eux de ramener cette mère qu'il aimait tant à la foi véritable, et de l'appeler à gravir derrière lui la pente escarpée de la perfection.

Marceau n'appartenait pas encore complètement à Dieu que déjà il écrivait à sa mère :

« Je ne puis pas dire que je suis aujourd'hui chrétien, mais j'entrevois qu'avant peu, j'aurai le bonheur de l'être. Quant à toi qui es meilleure que moi, j'espère que cette grâce te sera donnée bientôt... »

Et au milieu des hésitations où se débattait sa nature ardente, il reprenait encore :

« ... Fais ce que je te dis et non ce que je fais... O ma bonne mère, écoute-moi, moi en qui tu as confiance, moi qui ai été bien loin de la vérité, bien loin de la religion catholique, moi, qui aujourd'hui y crois par ma raison, mais qui ne suis pas encore assez heureux pour y croire de cœur, et aimer Dieu comme je le voudrais. Ecoute ton fils autrefois incrédule. »

Mais quelque douce et aimante que se fasse la voix qui appelle à la vérité, on ne renonce pas en un instant à un long passé d'indifférence et à une vie prolongée de chimères et de préjugés ; Madame Marceau a bien des objections à faire à son fils.

La religion qu'il lui propose a des attraits sans doute, mais aussi des épouvantes terribles. Qu'est-ce que cet enfer ? ces châtiments éternels?... qui à soixante ans se dressent devant vous pour la première fois. Le cœur de la femme, de l'épouse, de la mère se révolte... et pour y répondre l'habile officier ne s'attaque pas directement aux preuves du dogme sévère. Il rappelle la divinité de Jésus-Christ, sa venue, sa mission, sa doctrine et la vérité de cette doctrine. Puis doucement il en vient à conclure que tout ce que le Sauveur a annoncé est vrai. « Or, il a dit que ceux qui l'écouteront auront un bonheur éternel, tandis que ceux qui le renieront auront une éternité de malheur et de souffrances; je le crois et je le soutiendrai de toutes mes forces, sans chercher à expliquer la justice de Dieu, quoique cela puisse se faire par les lumières de la raison, ainsi que je m'en suis convaincu. »

Puis le fils devient pressant :

« ... Ne retardons pas la résolution que nous prenons de nous rapprocher de Jésus-Christ. Ne nous laissons pas aller à des considérations toutes mondaines. Bonne mère, Dieu a été prodigue d'avertissements pour nous, et il se lasserait de nous avertir... Il nous a frappés trop rudement pour ne pas nous aimer !... »

Mais dans cet appel à sa douleur, l'aïeule ne songe qu'à la meurtrissure qu'elle a éprouvée et folle de désespoir elle répond :

« — Oh oui ! trop rudement... Je ne puis m'empêcher de murmurer contre lui, il nous a frappés par un endroit trop sensible.

« — O ma bonne mère, reprend Marceau, réfléchis un peu et tu verras que nous ne devons pas murmurer. Avions-nous eu assez de traverses depuis vingt ans? Ne m'as-tu pas dit toi-même qu'un jour tu avais cru ce pauvre Georges mort sur tes genoux, à la suite d'une convulsion ? Il a été rendu à la santé. As-tu songé à remercier Dieu, autrement que par une parole ? Avons-nous été avertis par cette mort simulée ? Non ; nos cœurs étaient tellement éloignés de la religion qu'il fallait que Dieu nous l'enlevât tout à fait pour nous réveiller. Nous n'avons pas le droit de murmurer. Il ne faut pas dire : Mon Dieu, pourquoi m'avez-vous pris par un endroit si sensible ? mais bien : Merci, ô mon Dieu, d'avoir su trouver en moi un endroit assez sensible pour me toucher et m'attirer à vous. »

A ces accents si émus, la mère n'a plus de réponse ; elle pleure et se rend. Il faut voir alors comment son fils la guide dans la voie nouvelle qu'elle s'apprête à suivre, de quelle main adroite il écarte les lectures futiles et dangereuses, pour les remplacer par les ouvrages fortifiants et instructifs :

« N'aie pas le moindre doute, ces lectures de romans sont mauvaises. Dès que tu auras commencé à lire les livres que je t'ai marqués, tu ne voudras plus perdre, à lire les feuilletons de ton journal, le temps que tu pourras employer à des lectures qui te feront entrer dans la connaissance et l'amour de Dieu. Dis-moi, aurais-tu hésité dans le choix à faire, entre lire un feuilleton et lire mes lettres, en supposant que j'eusse pu t'écrire chaque jour? A plus forte raison dois-tu abandonner le feuilleton pour des livres qui te parlent de Dieu. Lis-les et relis-les sans cesse. Chaque jour prends un chapitre ou deux, et lis, non pas couramment et comme pour t'acquitter d'une tâche, mais en les savourant. Pour moi je ne voudrais plus quitter mes chers livres. »

Puis c'est le théâtre, aussi dangereux que la lecture :

« J'étais abonné au spectacle avant de songer à revenir à Dieu ; et, bien que j'aie encore une place dans une loge, je n'ai plus pensé à y remettre les pieds, depuis que j'ai reconnu que je sortais de là moins bon que j'y étais entré. »

Pour remplacer les joies anciennes, Marceau offre à sa mère les jouissances que son propre cœur éprouve depuis qu'il se rapproche de Dieu; c'est un commentaire parfait de l'enseignement de Jésus-Christ à la Samaritaine dans l'inimitable scène du puits de Jacob : *Si scires donum Dei !*

« Ce repos d'esprit, dit-il, est pour moi quelque chose de si extraordinaire, si plein de bonheur, que cela seul m'engagerait à persévérer, dans le cas où je serais tenté de retourner en arrière. Sans doute, ajoutait-il, ce calme est parfois troublé ; de temps en temps j'ai à combattre ; mais après chaque lutte, je suis plus tranquille que je ne l'étais autrefois, lorsque je me laissais aller à toutes mes passions et à tous mes défauts. Je passe aujourd'hui mes journées dans ma chambre, occupé à lire et à écrire, tandis qu'autrefois je ne savais pas rester deux heures chez moi. »

A cela il ajoute de nouvelles instances pour faire comprendre à sa mère où est le vrai bonheur et il finit par ce cri d'amour filial :

« Ah ! bonne mère, tu as un trop beau cœur pour ne pas devenir enfant de Dieu !... »

Devant des sollicitations si pressantes, quel serait le cœur maternel qui ne serait pas ébranlé ; elle cède, mais elle cède doucement, et le souvenir de l'enfant que la mort a fauché revient sans cesse sous sa plume. A propos de la médaille miraculeuse que Marceau lui conseille de porter, elle s'écrie :

« — Ah ! pourquoi, pourquoi notre pauvre ange ne la portait-il pas ?... »

« — Pourquoi ? ma bonne mère, répond Marceau s'emparant de cette idée heureuse. Pourquoi ?... parce que alors nous ne croyions, ni toi, ni moi. Vois-tu, bonne mère, je ne saurais mieux dire : *nous avons tué Georges,* tout comme nous avons mis à mort Jésus-Christ, par nos infidélités

à la grâce, par notre éloignement de la religion... »

Et le 20 octobre 1841, huit jours après sa conversion définitive, il écrit encore :

« J'ai vu clairement, au moment solennel où j'avais dans mon cœur la sainte hostie, que la mort de cet enfant est le plus grand bienfait que Dieu pût nous accorder, et je lui ai dit, en le sentant aussi vivement que le plaisir que j'ai de t'embrasser après une longue absence, je lui ai dit du fond de mon cœur : O Jésus, je vous remercie. Sans cela, vois-tu, bonne mère, toi et moi nous vivrions, comme nous avons toujours fait, en honnêtes gens aux yeux du monde, mais en coupables aux yeux de Dieu, et nous aurions pu être séparés l'un de l'autre pour l'éternité ; ou si nous avions été réunis, c'eût été dans le lieu des peines, où notre réunion eut été un malheur. »

II

Pendant que Marceau travaillait ainsi à rendre la vie de la grâce à celle qui lui avait donné la vie de la nature, il était une autre âme dont il désirait presque autant le salut : c'était celle de sa sœur.

Elevée comme son frère Auguste, Evelina Marceau avait passé comme lui ses premières années dans l'oubli de Dieu, et, mariée à M. de la Pinsonnière, elle avait fondé un foyer sans y apporter aucune de ces espérances fondamentales si nécessaires, surtout à l'heure des suprêmes épreuves. L'enfant idolâtré, le petit Georges, était parti pour le pays des anges, laissant son infortunée mère dans le plus sombre des désespoirs.

La tristesse de cette douleur sans consolation avait ébranlé, nous l'avons vu, le cœur de l'officier de marine, et ce motif avait été l'un des plus puissants pour lui faire rompre toute attache avec une doctrine incapable de relever les courages abattus. Sitôt qu'il eut goûté les premières douceurs du christianisme, il songea à la malheureuse mère et lui proposa de s'attacher à la foi par ces ancres solides qui ne se brisent jamais.

Mais la jeune mère si cruellement déçue ne sentait plus dans son cœur s'éveiller aucune force pour un nouvel amour; elle assistait impassible au travail qui s'opérait dans l'âme de Madame Marceau, et son frère s'émut de cet état alarmant. Le 3 novembre 1841, il écrit de Toulon à sa mère:

« Combien je serais affligé, si cette chère Evelina, qui a été éprouvée par bien des malheurs, hésitait à suivre tes traces et restait là, ne sachant si elle se jettera dans les bras de la religion! Qu'elle se souvienne que la foi est accordée à ceux qui la demandent. »

Madame de la Pinsonnière accueille ces paroles par cette réponse déconcertante :

« Je ne peux comprendre l'amour de Dieu... »

Le converti répond sur-le-champ :

« Mais pouvons-nous, pécheurs qui hier encore étions plongés dans les ténèbres, pouvons-nous espérer aimer Dieu parfaitement, ce qui est le bonheur des anges qui le connaissent et le contemplent? Contentons-nous d'abord de le craindre. L'Ecriture dit : « La crainte de Dieu est le commencement de la sagesse. »

Et à sa mère il ajoute :

« Que le cœur d'Evelina ne se trouble pas, parce qu'elle ne se sent pas attirée à la prière. Sans nous rebuter contentons-nous de dire : O Seigneur, ô mon Dieu, vous voyez ma misère! Je n'ai pas la force de m'occuper de vous pour vous demander votre amour et vos grâces; au lieu de trouver du bonheur à recourir au meilleur des pères, je n'y trouve que de l'ennui. Ah! Seigneur mon Dieu, ayez pitié de votre pauvre servante, et donnez-lui de prier avec ferveur! »

Les aspirations si ardentes d'Auguste Marceau ne pouvaient rester sans efficacité près du Ciel, il eut le bonheur de voir les deux âmes qu'il aimait se préparer presque en même temps à approcher du tribunal du pardon. Avec quelle joie il accueillit leur ouverture, quand elles lui demandèrent conseil sur le choix du prêtre auquel elles devaient s'adresser :

« Eh qu'importe! leur répond-il, crois-tu donc

que je sois bien compétent dans les affaires de ce genre?... »

Il les rappelle seulement à l'humilité en leur citant son propre exemple à lui-même, ses deux heures de séance devant le confessionnal de l'abbé Marin, l'aumônier du bagne. A ce propos il a des détails charmants :

« Je lui disais dans les premiers jours qu'il m'entendit : Vous avez un forçat de plus maintenant; car les chaînes du diable que je porte, et son boulet que je traîne sont autrement lourds que ceux des galériens. C'est du reste, ma chère mère, bien bon pour moi, homme perdu d'orgueil, d'être obligé, lorsque je me trouve à ses genoux avec mes épaulettes sur mes épaules, de penser que je suis à ses yeux moins avancé dans les sentiers du bien que plusieurs de ces malheureux couverts de la casaque rouge. »

Et il termine par cet adieu dicté par le sentiment de la joie la plus douce :

« Adieu, bonne mère, adieu. Je t'embrasse de cœur et cette pauvre Evelina aussi, heureux, je le répète toujours, de penser que rien ne saura désormais nous séparer; car je compte bien sur la grâce de Dieu pour nous attirer tous vers lui, et nous faire persévérer dans la voie du salut. Oui, je me sens tout heureux de penser que notre affection n'a plus de limites. C'est une sainte et douce chose que de s'aimer en Dieu; à Dieu donc. »

Bientôt les explosions de joie redoublent, car la réconciliation est consommée et les deux âmes jadis éloignées de notre religion sainte mangent à la table eucharistique le pain des élus.

« Ah ! s'écrie-t-il alors, le cœur débordant de reconnaissance, ah ! en songeant à ce qui se passe aujourd'hui entre nous, en voyant ce que Dieu produit dans nos cœurs, je ne saurais m'empêcher de reconnaître sa puissance et de m'écrier : Je ne veux point d'autres preuves de la divinité du christianisme que ce que je sens aujourd'hui dans mon cœur !!! »

Pour célébrer un changement si important dans ces trois existences, la famille se réunit et les épanchements de l'affection versent dans ces trois cœurs les joies les plus vives que l'homme puisse goûter ici-bas. Au souvenir de cette rencontre, Marceau jette en son *Journal* ce dernier cri de son âme :

« Que de grâces pour nous depuis que cet enfant est monté au ciel ! Un enfant nous est né, dit Isaïe en nous prédisant la venue du Sauveur. Après nous être réjouis avec le prophète de cette parole : *Un enfant nous est né,* ne devons-nous pas nous dire, avec un sentiment de reconnaissance : *Un enfant nous est mort...* et depuis cette mort la vie s'est répandue en nous. Cher enfant, tu as été la victime qui a porté nos péchés, et depuis que tu as le bonheur de contempler Dieu face à face, à chaque jour, à chaque instant, tu as

imploré sa clémence pour nous... Que de grâces !
que de grâces !... »

III

Heureux d'avoir gagné les âmes de sa mère et
de sa sœur, le néophyte voulut élargir le cercle
de ses conquêtes et nous ne pourrons le suivre à
la recherche de tous ceux qu'il rapprochera de
Dieu.

Il avait un ami qu'il aimait comme un frère et
avec lequel il était en relations presque quoti-
diennes ; le malheureux officier partageait les
égarements de Marceau avant sa conversion, il
eut le bonheur, à l'instigation de son ami, de l'imi-
ter dans son retour.

Un autre était chrétien, mais ne communiait
qu'aux grandes fêtes seulement ; le converti
l'amena à une réception plus fréquente des sacre-
ments et le mit en rapports suivis avec son
confesseur :

« — Mon cher collègue, lui dit-il, dans la vie
spirituelle, tout doit être réglé comme sur un
vaisseau ! »

Un officier se débattait dans les hésitations et
n'avait pas la force de se donner au bien ; Marceau lui conseille les fortifiantes lectures :

« Lisez, lui dit-il, et le moment viendra où vous tomberez à genoux aux pieds du prêtre. »

Et il donne à son conseil tout le poids de sa propre conduite :

«... Remarquez que ce n'est pas sur des *on dit* que je vous engage à recourir au remède, c'est sur mon expérience propre, c'est pour avoir éprouvé tout ce qu'il a de souverain. Allez, allez, mon cher ami, allez vous faire pardonner vos fautes, et la joie rentrera dans votre cœur. Vous êtes effrayé des forces qu'il vous faudra déployer pour faire les sacrifices qu'on exigera de vous. Rappelez-vous donc que notre divin Sauveur, en nous disant de prendre notre croix pour le suivre, nous a promis qu'il nous aidera à en supporter le poids. Tout ce qu'il demande de nous, c'est que nous nous mettions franchement à l'œuvre. Vous raisonnez toujours au point de vue humain; mais Jésus-Christ n'est point un philosophe qui, comme Zénon, vient dire : *Niez la douleur;* c'est un Dieu qui dit : Acceptez la croix, et je vous viendrai en aide et je vous inonderai de consolations. Voyez-le bien, mon cher ami, la vérité est dans la religion catholique, elle n'est que là; tout le reste est vanité, mensonge, et ne saurait vous conduire qu'au malheur dans cette vie et à la perte éternelle... »

Puis ne reculant pas devant l'expression militaire :

« Que diantre, mon cher ami, lui dit-il, ce que

C'était M. Dupont, de Tours (page 112).

Dieu a à nous donner vaut bien la peine qu'on le lui demande!... Vous voudriez retrouver le calme sans la vertu, et pouvoir reprendre les joies qui vous valent aujourd'hui tant de tourments. Malheur à vous si vous trouvez le calme autrement qu'en vous réconciliant avec ce Dieu de bonté qui nous appelle ! »

La nature énergique, on le voit, n'a pas disparu sous l'onction de la grâce ; mais maintenant cette force est une arme pour la bonne cause :

« Dans la religion catholique, écrit Marceau à une autre victime des plaisirs, tout est tellement lié, que quiconque admet une vérité est obligé de les admettre toutes, même sans en avoir l'intelligence... Tous les sophismes de votre orgueil ne sauraient rien faire contre l'immuable Vérité qui a été, qui est et qui sera jusqu'à la fin des siècles et durant toute l'éternité. »

La franchise de son zèle va plus loin encore : un officier vient d'être mis au fer pour avoir volé ; Marceau a pitié de cet homme indélicat et veut le ramener au bien ; pour cela il croit qu'avant tout il faut humilier son orgueil. Il lui fait plusieurs visites où il parle d'un ton assez sévère ; le malheureux le supplie d'intercéder en sa faveur et à la fin se croit autorisé par ses démarches multipliées à l'appeler son ami. Soudain Marceau se dresse et de sa voix la plus mâle, il lui demande de quel droit il se permet de lui donner ce titre :

« — Quel rapport, lui dit-il, peut-il y avoir entre

nous ?... Je n'ai jamais volé, je n'ai jamais forfait ;
tandis que vous... » et il lui remet sous les yeux
tout ce que sa conduite a de hideux. Le malheureux est touché et se rend.

L'officier n'usait pas toujours de procédés aussi
brusques ; il est des âmes délicates chez lesquelles
la vertu s'insinue comme une rosée salutaire.
Un capitaine de vaisseau qui a eu la gloire d'abandonner une brillante carrière pour entrer au
noviciat des Jésuites a raconté le rôle que Marceau avait joué dans sa conversion ; il est trop à
son honneur pour que nous le passions sous
silence :

« J'avais entendu vaguement, écrit le R. P. de
Plas, parler de la société de Saint-Vincent de
Paul et l'on m'avait dit que Marceau en était
membre. Comme il jouissait d'une certaine réputation dans la marine, cele me donna le désir de
faire sa connaissance et de m'éclairer sur le but
de la société dans laquelle je voulais être admis.
Je croyais que c'était une œuvre de bienfaisance
à laquelle tout homme pouvait s'associer,
moyennant quelque argent. Je me rendis trois fois
à l'hôtel du *Bon Lafontaine,* où Marceau logeait,
sans pouvoir le rencontrer. La troisième fois, je
laissai ma carte. Il vint me voir. Il entra chez
moi vers huit heures du matin, il n'en sortit
que vers onze heures. *Il avait senti de suite qu'il
y avait là une âme à sauver.*

« Il me donna mille encouragements, jeta dans

mon esprit des germes de foi, ou plutôt réveilla ma foi qui n'était pas tout à fait morte et qui s'annonçait par le désir de soulager les pauvres. Il m'apprit, à mon grand désappointement, que je ne pouvais pas avoir l'honneur de faire partie des Conférences de Saint-Vincent de Paul si je vivais en dehors de la religion catholique, si je ne pratiquais pas, et me laissa une médaille de la Sainte Vierge qu'il m'engagea à porter.

« Sa conversation produisit sur moi un grand effet. Je pris la résolution d'assister à la messe, même les jours sur semaine, et sachant l'heure à laquelle Marceau allait à Notre-Dame des Victoires, je m'y rendais quelquefois. Je le voyais là, agenouillé sur la pierre, près de l'autel de Marie, priant avec une ferveur de saint, et ce spectacle me touchait profondément ; mais j'étais encore trop ignorant des vérités de la religion, et l'abbé Desgenettes que, sur l'invitation de Marceau, j'allai consulter, m'engagea à acheter le *Triomphe de l'Evangile* et quelques autres livres... *J'ai toujours considéré Marceau comme l'instrument principal de ma conversion :* aussi l'ai-je toujours nommé le premier dans mes prières (1). »

Ce témoignage précieux fait le plus grand honneur aux deux officiers de marine, mais les conversions individuelles ne suffirent bientôt plus

(1) Cité d'après *Marceau*, t. 1er.

aux aspirations du zélé converti ; il lui fallait la large et vivifiante atmosphère des œuvres. Bientôt nous le trouvons à la tête de la société de Saint-Vincent de Paul à Toulon, où sa parole de feu enfante des prodiges. Il s'enrôle dans les rangs de l'*Adoration nocturne* et fonde une œuvre en faveur des apprentis, pendant qu'en même temps il se fait le catéchiste des mousses. Trente ans après, l'un d'eux déclarait :

« — C'est à M. Marceau que j'ai dû dans ma jeunesse, de fouler définitivement, et une bonne fois pour toutes, le respect humain sous mes pieds. J'avais treize ans. C'est une grande grâce. »

Il songe également à établir une association de prières pour la réparation des blasphèmes. Cette idée lui tient particulièrement au cœur :

« Nous avons bien à faire ici, écrit-il à un ami qui partage ses pieux sentiments ; lorsque je passe dans les rues, au milieu de tous nos soldats et de nos matelots, que de fois j'ai à répéter : *Sit nomen Domini benedictum !* mais peut-être encore davantage au restaurant, où il y a une ou deux personnes qui ne savent pas dire une parole sans y placer un blasphème. *J'ai été comme eux.* Vous comprenez que je dois les prendre en grande compassion, eux qui servent à me rappeler combien j'ai été misérable ! »

Ce souvenir de son ancienne irréligion qui était pour lui l'occasion d'un acte d'humilité,

était pour son zèle un argument qu'il aimait à
développer dans les réunions d'ouvriers et de
travailleurs, où il prenait souvent la parole. Et
on ne pouvait réprimer une vive émotion en
entendant ce langage :

« Mes amis, il y a sans doute parmi vous des
hommes qui ne sont pas chrétiens, qui n'aiment
pas la religion. Eh bien ! sachez-le, j'ai été impie
comme vous ; nul plus que moi n'a détesté le
christianisme ; mais je dois lui rendre cette justice que tant que je n'ai pas été chrétien, j'ai été
malheureux, profondément malheureux... Je n'ai
pas vécu jusque-là ; non, ce n'était pas vivre ; je
m'agitais ou plutôt mes passions me poussaient,
me tiraient, m'entraînaient, mais je ne vivais
pas... Non, je n'étais pas un homme, j'étais une
machine. »

Un ami qui a connu Marceau à cette époque
et a vu le bien qui se faisait par son entremise a
écrit de lui ces lignes :

« Il a assez de chaleur pour réchauffer les tièdes
et même les plus dévots ; mais c'est surtout chez
les pécheurs, chez les plus scandaleux qu'il faut
que Marceau pénètre. C'est pour eux surtout que
Dieu lui avait donné sa face de fer, sa voix
vibrante, ses réponses si brèves et si écrasantes,
qu'au café, à bord ou ailleurs, il me faisait plutôt
l'effet d'un marteau qui aplatit que d'un homme
qui discourt. »

Après ce portrait si vivement enlevé il ne faudrait pas croire que Marceau n'avait à la bouche qu'un langage sévère où le cœur trouvait peu son compte ; non, si avec les incrédules et les âmes lâches, il faisait entendre les paroles vibrantes, avec les humbles et les amis de Dieu, il trouvait des accents qu'on n'eût pu soupçonner en cet homme de mer à l'épreuve des tempêtes et des orages.

Son bonheur était de parler de Dieu ; ce sujet le jetait dans des développements sans fin :

« — Il semble, disait-il, qu'on ait peur de revenir sur le seul sujet qui mérite de nous occuper et qui soit intarissable... Dieu ! Comme le temps passe quand on parle de Dieu ! Heureusement que nous aurons toute l'éternité pour nous en entretenir ! »

A ce propos, il lui arriva une aventure que nous trouvons dans sa *Vie* :

Un jour qu'il était à Nantes, au restaurant, prenant son repas, un voyageur s'approche, se nomme... C'était M. Dupont, de Tours, connu depuis dans toute la France par sa sainteté. Aussitôt Marceau se lève, l'embrasse, et écartant son assiette, il se met à causer avec lui sans respect humain de Dieu, du bonheur qu'il y a de lui appartenir, de ce que sa gloire exige de notre dévouement.

Une heure, deux heures, trois heures s'écoulent; on écoutait les deux nouveaux amis avec curiosité, avec étonnement ; les convives se succédaient autour d'eux, leurs saints entretiens duraient toujours... il se faisait tard. Enfin, on vint avertir qu'on allait fermer le restaurant. Marceau ne s'était pour ainsi dire aperçu de rien.

« — Je n'oublierai jamais, disait plus tard M. Dupont, cette première entrevue. »

CHAPITRE VI

La Démission.

I

Le zèle puise son inspiration aux sources les plus élevées, c'est pour cela sans doute qu'il a pour effet direct d'attirer vers les sphères supérieures l'âme qu'il captive. Aussi, sans démêler nettement les desseins de Dieu sur lui, Marceau semblait aspirer à quelque chose de plus grand encore que la marine militaire, et il croyait entendre une voix qui l'appelait...

Le 28 juin 1844, sous l'empire de cette pensée, il écrivait à un de ses amis : « Si je vais à Brest... », puis se reprenant tout à coup : « Comment trouvez-vous mon *si*, lorsque ce matin j'ai prévenu l'amiral que je serai prêt à partir le 5 juillet prochain ? Je ne sais pourquoi j'ai toujours la pensée que je ne resterai pas longtemps attaché à la marine militaire. Où pourrai-je aller ailleurs ?... Le grand Maître qui lit au fond de mon cœur saura bien, j'espère, arranger un jour les choses pour que je m'emploie tout entier à sa gloire, comme je le lui demande chaque jour. »

Deux mois après, Marceau n'appartenait plus à la marine. Mais n'anticipons pas.

En renonçant à ses erreurs et à sa vie déréglée pour prendre des habitudes d'homme vertueux et scrupuleux de ses devoirs, Marceau avait rencontré des difficultés qu'il ne prévoyait pas. L'officier qui avait passé jusqu'alors pour un modèle de droiture et d'honneur, se voyait aujourd'hui critiqué, soupçonné et tenu en défiance par ceux-là même qui avaient conçu de lui jusque-là la plus haute estime.

Le monde n'aime pas ceux qui l'abandonnent; une conversion, un changement de conduite sont, il le sent fort bien, une critique implicite de ses égarements; aussi garde-t-il rancune à ces transfuges de la grâce. Il voit dans cette nouvelle orientation un calcul, une intrigue, un mouvement plus ou moins secret de l'ambition.

Marceau dont la conversion avait été si entière et dont le changement de vie était si complet, ne pouvait échapper à ces critiques. Pendant plusieurs mois ses camarades et amis s'étonnèrent de ne plus le rencontrer, ni au café, ni au théâtre : ils en eurent bientôt l'explication quand l'un d'entre eux le vit un jour à six heures du matin sortir d'une église. Le soir on ne s'abordait plus que par ces paroles :

« — Tu ne sais pas?... Marceau est devenu bigot ! »

Comme le fait remarquer son pieux biographe, il n'a jamais fallu beaucoup d'esprit pour tourner la vertu en ridicule et les plaisanteries ne manquèrent pas sur le compte de l'ancien disciple de Saint-Simon et du P. Enfantin. Quelques-uns dont le rire était plus malin prétendirent que ce changement de front devait avoir pour but de gagner les bonnes grâces de la reine Amélie dont la vertu était bien connue. Or, il arriva que les circonstances vinrent favoriser cette supposition.

Depuis de longues années déjà, Marceau n'était que lieutenant de vaisseau ; quoique le premier sur la liste d'avancement, il voyait ses camarades, même bien inférieurs en mérite, passer avant lui. Il faut dire que l'officier n'avait jamais consenti à recourir au système des protections si en honneur aujourd'hui ; de plus, quelques-uns de ses chefs avaient pu garder mauvais souvenir d'une parole sévère échappée aux lèvres de l'officier si acrimonieux.

Sur ces entrefaites, se construisait à Indret, d'après des plans tout nouveaux, un navire emménagé avec un luxe extrême. C'était le *Comte-d'Eu*, destiné à conduire le roi Louis-Philippe au Tréport et à servir de yacht à toute sa famille. On attendait avec curiosité la nomination du commandant de ce navire privilégié, pour lequel avaient été adressées les sollicitations les plus pressantes. Or le commandement fut confié à quelqu'un qui n'avait fait aucune démarche... c'était Marceau.

Aussitôt les jalousies, les illusions déçues s'unirent de concert : « Le voilà donc le mot de l'énigme... voilà le dénouement de cette intrigue dévote préparée par l'hypocrisie. Marceau recueille les fruits de son inexplicable transformation ! »

Le temps ne devait pas tarder à venger l'officier de ces insinuations perfides et à faire ressortir encore plus l'inflexible droiture de son caractère.

Il reçut sa nomination avec calme, fit ses adieux au *Tartare*, à bord duquel il était depuis trois ans, et se rendit à Indret prendre le commandement du yacht royal pour le conduire à Lorient. Son seul mouvement de joie se fit jour dans une lettre à sa mère où il lui exposait que les 7,000 francs d'appointements qui lui étaient alloués allaient lui permettre de payer ses dettes et d'augmenter le chiffre de ses aumônes.

Le commandant surveilla avec le plus grand soin l'armement du navire qui lui était confié, l'observa dans les moindres détails, étudia sa coque et sa machine et, avant même de tenter la haute mer, déclara nettement que le *Comte-d'Eu* était mal construit et ne pouvait rendre les services qu'on attendait de lui.

Il y avait de la hardiesse pour un simple officier, fait remarquer un homme du métier, « d'oser proclamer une semblable erreur. C'était attaquer de front le corps puissant du génie maritime, et c'était plus qu'il n'en fallait pour risquer sa carrière. Marceau n'hésita pas. Appelé sur-le-champ à Paris dans le cabinet du ministre, mis en présence de l'inspecteur général des constructions navales, il renouvela, en la motivant nettement, son assertion première.

« Cette déclaration fit grand bruit au dehors. Elle rouvrait la lutte sourde qui existe entre les officiers et les ingénieurs, deux classes d'hommes doués d'une égale valeur, qui se voient de près et qui s'estiment, mais qui, par la nature de leur service, sont trop souvent appelés à juger, si ce n'est à subir, les conséquences réciproques de leurs œuvres. Ainsi, dans notre marine, l'officier militaire commande son vaisseau, mais ne le construit point. Il reçoit de l'artillerie les canons qu'il charge, qu'il pointe et qu'il manœuvre. Au milieu de tous les corps spéciaux qui n'ont de raison d'être que sa propre existence, il n'est lui-même qu'une spécialité brillante, mais, sur beaucoup de points, sans l'initiative et la prépondérance que semblerait devoir lui donner l'immense responsabilité dont, à certains moments, il se trouve chargé. De là, ces difficultés incessantes qui doivent se produire surtout dans les rapports avec le génie maritime, dont l'influence et le prestige sont d'ailleurs justement mérités (1). »

On voit combien était brûlante l'affaire que soulevait le commandant Marceau ; cependant celui-ci ne se préoccupa nullement des questions de personne. Il savait qu'il faisait de nombreux mécontents et qu'il brisait son avenir, mais il se croyait obligé de dire la vérité et il la dit. Malgré tous les avantages que présentait la mission confiée, malgré une certitude d'avancement et de récompenses, il n'hésita pas à faire ressortir, devant deux commissions et devant le prince de Joinville lui-même, les défauts de la construction et des machines.

Les intéressés et leurs partisans ne laissèrent pas naturellement de témoigner bien haut leur vif mécontentement. D'un autre côté, les amis eux-mêmes de Marceau eurent peine à comprendre tant d'indépendance de caractère : « C'est insensé, disaient-ils, de renoncer à tant d'avantages. » Malgré tout, les vrais hommes de valeur surent apprécier une si noble conduite. Le prince de Joinville, en se présentant à son bord, lui dit : « Commandant, mon estime pour vous redouble. » Dans un grand dîner à la préfecture maritime, l'amiral lui donna une place d'honneur, avant de nombreux dignitaires et le commandant

(1) *Comment. d'un Marin*, p. 43.

de l'escadre de la Méditerranée, l'amiral de la Susse, proclama bien haut le mérite du commandant démissionnaire.

En effet, les expériences réitérées ne firent que confirmer l'appréciation de l'officier sur son navire. Sévèrement jugé par toutes les commissions, le *Comte-d'Eu* fut condamné, désarmé, débaptisé. Mais ce fut tout, Marceau resta dans l'oubli et ne reçut même pas le grade de capitaine de corvette auquel il avait droit.

Devant ce dénouement, il fallut bien que les jalousies désarmassent : on ne pouvait plus accuser Marceau d'ambition, mais comme la foule se pousse facilement aux extrêmes, il y eut un revirement en sa faveur et quand on apprit la nouvelle de son retour à Toulon, les plus acharnés parlèrent de lui préparer une ovation.

II

Si l'officier de marine avait été à la hauteur de sa mission, il fallait aussi pour Marceau que le chrétien restât dans son rôle. Effrayé à cette annonce d'ovation, il craignit de se laisser enivrer par ces fumées de la gloire et, passant à Lyon, il se rendit à dessein à Fourvières pour

Marceau explique qu'il préfère s'en tenir aux lois de l'Eglise
(page 125).

supplier la Vierge de lui épargner cette tentation.

En toute cette affaire du yacht royal, le converti avait tremblé pour sa vertu ; il y trouvait
une occasion trop aisée de manifester les
anciennes tendances de son caractère, pour ne pas
redouter à l'avance d'y succomber ; mais par la
permission divine, le chrétien ne fut pas moins
héroïque que le marin. « Je faisais partie de la
commission qui jugea et condamna le *Comte-
d'Eu*, a écrit un officier supérieur. Dans ces
assises solennelles, Marceau apparaissait tour à
tour dans tout son éclat d'homme mondain et
d'homme religieux. Je vis, en cette occasion, la
lutte de la grâce avec le caractère indomptable
que vous savez, et ce spectacle n'a pas peu contribué à changer ma vie. Laissez-moi vous citer
un des traits qui m'a surtout terrassé, et qui
montre le mieux l'empire que notre ami avait
conquis sur lui-même.

« Habitué à bien des luttes moins éclatantes
que celle du yacht, Marceau, vous le comprenez,
se trouvait alors dans son plus dangereux élé-
ment. Tous les mauvais instincts d'orgueil, de
rivalité, de susceptibilité, que sais-je ? devaient se
réveiller au sein de ces irritants débats. Pour un
observateur attentif et connaissant déjà notre
ami, souvent un geste, un mouvement trahissait
sa lutte intérieure ; mais en tenant sur lui l'œil
fixe, on sentait que la volonté triomphait.

« Dès le début, pour régulariser les examens et les discussions sur le *Comte-d'Eu,* il fut convenu entre Marceau et plusieurs de ses amis qu'il leur soumettrait son rapport, avant de l'envoyer au major général de la commission. Le rapport fait, on l'examine sur-le-champ, et l'on donne rendez-vous à l'auteur pour le lendemain, dimanche, vers neuf heures, chez l'un de nous. A neuf heures et demie il ne paraît pas ; dix heures, onze heures sonnent. Décidément Marceau se moque de nous ! La patience n'était pas notre fort. Midi est déjà passé... Enfin notre homme arrive ; il s'excuse simplement, en nous déclarant qu'il n'a pu assister qu'à la dernière messe, qui se dit à midi.

« Après quelques plaisanteries à ce sujet, dès qu'il fut question du rapport nous nous mîmes à sourire d'une façon très expressive. « Je vous comprends parfaitement, fit Marceau, et je me mets entièrement à vos ordres. » Ce n'était pas une phrase de vaine politesse ; il prit tout ce qu'il lui fallait pour écrire un nouveau rapport, et après avoir remis à l'un de nous le cahier examiné dont le souvenir avait provoqué nos sourires, il s'assit en nous disant : « Me voici prêt ; dictez, Messieurs, ce que vous voudrez ; j'écrirai tout. » Son rapport était bon pour le fond ; mais la forme était empreinte des pensées du *vieux Marceau ;* il semblait écrit avec la pointe d'un sabre. Nous sacrifiâmes donc la forme complètement. Cette scène dura plusieurs heures !...

« Pas une seule observation ne sortit des lèvres de Marceau. Au moment de nous séparer je l'abordai, et comme tous mes traits dénotaient mon extrême surprise, avant d'entendre ma question, il s'empressa de me dire : « Pourquoi vous étonner ? *J'ai communié ce matin* (1)... »

Ce mot donne en effet toute l'explication, cette seule force enfante les prodiges. C'est ainsi qu'à la même époque, Marceau étonna bon nombre de ses collègues par le spectacle de sa fermeté à observer les lois de l'Eglise. En sa qualité de commandant du *Comte-d'Eu,* il eut à recevoir à sa table toute la commission, un jour de jeûne. Bien que les militaires et les marins jouissent d'une dispense spéciale pour l'abstinence, Marceau en faisait habituellement bénéficier ses convives, sans jamais en profiter lui-même.

Après donc avoir abondamment pourvu la table d'aliments gras et maigres et en avoir commencé les honneurs avec cette aisance distinguée qui le caractérisait, il se fait apporter une boîte de sardines confites. La malheureuse boîte fut accueillie par un rire général et les plaisanteries de toute la salle ; mais Marceau, nullement déconcerté, explique qu'il préfère s'en tenir aux lois générales de l'Eglise. Il conserve même assez de présence d'esprit pour river le clou à un malin qui se rit de ses scrupules de conscience.

(1) *Marceau*, t. 1er, p. 190.

Cependant le commandant du *Comte-d'Eu* ne pouvait rester dans un éternel oubli. Le 1ᵉʳ mai 1843, on le rappela à Brest pour lui confier le commandement du *Fulton*. Il eut à y recevoir le duc et la duchesse de Nemours, et leur présence fut l'objet de fêtes grandioses qui inspirent à Marceau les réflexions suivantes :

« Il faut voir comme tout le monde est affairé dans notre ville, comme déjà toutes les dames ont pris leurs précautions pour s'assurer un coiffeur, le jour du grand bal. Ces pauvres coiffeurs commenceront leur besogne à cinq heures du matin pour ne la finir qu'à neuf heures du soir, sans qu'on leur ait laissé un seul instant pour manger. Pourquoi faut-il qu'on soit si prévoyant pour une fête qui durera quelques heures et pour beaucoup ne sera pas une occasion de grand plaisir, et qu'on le soit si peu, pour s'assurer une place à cette fête éternelle qui ne finira jamais et qui rassasiera tous nos désirs ? »

III

C'est ainsi que Marceau, au milieu des attraits même les plus séducteurs, élevait vers Dieu ses pensées ; c'était un acheminement vers le détachement plus complet qui se préparait.

Quelques mois après le passage du duc de Nemours, le *Fulton* était appelé à Cherbourg pour escorter le roi Louis-Philippe qui devait se rendre en Angleterre. Cette nouvelle fut accueillie avec joie par tout l'équipage et pendant de longues semaines, ce fut un labeur intense pour mettre le navire à la hauteur de la situation qui lui était faite. Les préparatifs étaient à peu près achevés quand arriva un contre-ordre qui condamnait le *Fulton* à ne pas faire partie du voyage.

Pour tous la déception fut grande, pour Marceau en particulier qui voyait encore lui échapper le grade de capitaine de corvette. Il s'abandonna cependant à la volonté divine et se contenta d'écrire :

« O ma bonne mère, et toi, ma chère sœur, bénissez toutes deux avec moi le Seigneur de ce qu'il nous impose de nouveau cette épreuve consolante pour notre foi. Oui, notre bonheur est dans la croix, et c'est dans l'envoi des croix que nous devons surtout reconnaître l'amour de Dieu. »

Ainsi s'épurait de plus en plus la piété de l'officier. Ses lectures devenaient plus sévères et ses aspirations s'élevaient dans la même mesure. Un jour ayant découvert un sonnet de l'abbé de Rancé qui se termine par ce vers :

Vivre sans vivre en saint, c'est vivre en insensé,

il avait été poursuivi de cette idée et en écrivait
à son pieux ami, M. Dupont :

« Ne pas vivre en saint, ne pas consacrer toutes
ses pensées, ses paroles et ses actions à la gloire
de Dieu, ne pas être l'esclave de ses devoirs,
ne pas apporter à l'accomplissement de ses devoirs,
même les plus petits, tous les soins que récla-
ment la gloire de Dieu et l'édification du prochain, c'est vivre en insensé ; quelle vie est donc
la mienne ! »

Peu de jours après avoir écrit ces lignes, sa
démission arrivait au ministère de la marine.

Que s'était-il passé? Le chapitre suivant va
nous l'apprendre.

CHAPITRE VII

Le Commandant de l' « Arche-d'Alliance. »

La Marine religieuse. — Organisation de l'œuvre.
L'*Arche-d'Alliance*.

I

Dans les derniers mois de l'année 1842, sur les quais de Toulon, on voyait souvent se promener ensemble un lieutenant de vaisseau et un évêque : l'officier était Marceau, l'évêque s'appelait Monseigneur Douarre, évêque d'Amata et vicaire apostolique de la Nouvelle-Calédonie.

Appartenant à l'ordre des Maristes, il avait la mission d'emmener en Océanie un groupe de religieux de la même société qui sacrifiaient leur vie à l'évangélisation de cette partie du monde si abandonnée. La première difficulté était d'aborder ces contrées lointaines qui n'avaient été visitées jusque-là que par nos baleiniers : aucun autre bâtiment français ne s'était hasardé dans ces parages qui n'attiraient aucune exportation du commerce. Mgr Douarre se trouvait donc à Toulon en quête d'un navire de transport pour entreprendre son grand voyage.

Il s'était mis en rapport avec plusieurs officiers de marine ; Marceau était du nombre, et l'évêque avait trouvé tant de sympathies dans le cœur du marin que de fréquentes relations s'étaient établies entr'eux. En ces entretiens à la face des flots de la Méditerranée, le missionnaire révélait son âme d'apôtre ; il évoquait le souvenir des pauvres sauvages qui là-bas, par delà la grande mer, se damnaient parce qu'ils n'avaient personne pour les arracher à leurs grossiers plaisirs et leur parler de Dieu. Déjà, il est vrai, la bonne semence était tombée sur quelques plages de ces terres lointaines ; mais comment germerait-elle, que deviendraient ces Eglises naissantes, si la Providence ne ramenait pas bientôt le missionnaire achever l'œuvre commencée ?...

Ces paroles s'enfonçaient dans le cœur du néophyte y produisant une impression étrange ; sa nature, bien faite pour comprendre les grandes choses et les nobles dévouements, se prenait de sympathie pour l'œuvre grandiose des missions. Cette idée le poursuivait dans ses rêves, et il se demandait si, bien qu'officier de marine, il ne pourrait pas, lui aussi, jouer un rôle dans cette entreprise.

L'évêque d'Amata, ne trouvant aucune autre solution à son départ, avait résolu d'acheter un bâtiment pour le service personnel de son vicariat ; mais, avec des ressources restreintes, comment mener à bien une œuvre de ce genre ?...

Déjà dans un voyage au Hâvre, il avait exposé son désir à un jeune armateur qni l'avait accueilli avec intérêt.

M. Marzion, — c'était son nom, — ne reculait pas devant les sacrifices ; homme de zèle, il avait fait l'apprentissage des œuvres dans la Conférence de Saint-Vincent de Paul à Paris et venait d'en fonder une semblable au Hâvre. Nul n'était donc mieux fait pour comprendre le plan de Mgr Douarre ; restait à l'exécuter...

Sur ces entrefaites, le gouvernement français ayant résolu une expédition dans les îles Marquises, promit le passage à l'évêque d'Amata et à ses missionnaires ; Mgr Douarre partit donc, nous dit Marceau, mais après avoir « jeté les fondements de l'Œuvre de la marine religieuse, en intéressant à ses missions, à deux cents lieues de distance, le cœur d'un négociant et celui d'un officier de marine, étrangers l'un à l'autre, mais que Dieu saura bien réunir, le jour où il lui plaira de mettre à exécution ses desseins de miséricorde pour les pauvres peuples idolâtres (1). »

En M. Marzion, le zèle se joignait à une merveilleuse activité pour les entreprises hardies ; cet homme de foi, doublé d'un armateur pratique, se demanda si l'on ne pouvait arriver à fonder une société maritime destinée par son influence, ses

_____

(1) MARCEAU, lieutenant de vaisseau de la marine royale. *Les Missions catholiques dans l'Océanie.*

ressources et ses moyens de transport, à venir
en aide aux missions chrétiennes. Pourquoi ne
pas aider l'œuvre de la Propagation de la Foi par
une honnête et loyale entreprise commerciale ?
N'est-ce pas ainsi que l'Angleterre aide ses ministres protestants dans leurs établissements sur
les plages les plus lointaines de l'Ancien comme
du Nouveau Monde ?

Le gouvernement français ne favorise pas habituellement les entreprises de ce genre ; et l'armateur chrétien eut plus d'une difficulté à vaincre
avant de voir son rêve devenir réalisable. Cependant, grâce à la faveur de quelques hauts personnages, l'année 1843 ne s'acheva pas sans lui
donner quelque espérance.

Le plan était de constituer, sous le nom de
Société française de l'Océanie, un capital d'un
million, divisé en actions de 500 francs ; les
actionnaires avaient droit à un intérêt de 5 %,
mais les dividendes restaient acquis à l'œuvre qui
rejetait toute idée de spéculation et n'acceptait
l'appui commercial que pour arriver à un but
uniquement chrétien. Réaliser une somme aussi
importante, pour une entreprise qui humainement n'avait rien de séduisant, n'était pas entièrement facile ; mais une autre difficulté surgissait,
plus grave encore.

A quel chef maritime confier le commandement du ou des navires qu'on allait frêter?... De
ce choix dépendait évidemment l'issue de l'entre-

prise. Il fallait tout d'abord un chrétien zélé, sachant s'intéresser à l'œuvre de propagande ; mais il fallait de plus un officier capable, un marin consommé, pour aller tenter avec un simple voilier et un faible équipage les parages les plus hasardeux et les mers les moins connues. De sa science, de son expérience et de son dévouement dépendait tout le succès. Or où trouver le commandant qui réunit les qualités requises ; il ne fallait pas songer à la marine militaire : car quel serait l'officier qui consentît à renoncer à l'avenir créé par de loyaux services pour se lancer dans une entreprise entièrement hasardeuse qui ne réservait à sa vieillesse que des déceptions.

De longs mois se passèrent en hésitations et en vaines recherches ; sans se désespérer, M. Marzion remettait son œuvre à plus tard, quand un nouveau départ de Pères Maristes vint exciter son zèle. L'armateur du Hâvre, cédant aux sollicitations des missionnaires, se rendit à Lyon, et là, en ce centre par excellence de l'œuvre de la Propagation de la Foi, il supplia le Ciel de lui envoyer l'homme dont il avait besoin.

Un jour qu'il communiquait son embarras à un Jésuite, le P. Delfour, celui-ci lui répondit soudain :

« — Mais j'ai votre affaire !... » et il lui parla d'un officier de marine, converti depuis peu, dont le zèle et la science étaient à la hauteur d'une pareille mission. Quelques semaines auparavant, le Père Jésuite prêchant à Brest n'avait pas eu de meilleur auditeur que Marceau ; il avait reçu les confidences de cette âme avide de se donner et aujourd'hui il pouvait le garantir comme l'homme de la situation. Seules, des circonstances indépendantes de sa volonté pouvaient différer son consentement.

Sur l'heure, M. Marzion, plein d'espérance, écrit à Marceau;... sa lettre demeure sans réponse. Quelle est la cause de ce silence? Le commandant du *Fulton* venait de partir pour Cherbourg et ce n'est qu'un mois après que la lettre lui est remise. En l'ouvrant, la joie la plus vive fait battre le cœur de l'officier chrétien et il écrit aussitôt à Madame Marceau :

« Sais-tu, bonne mère? On me propose le plus magnifique commandement que j'aie jamais rêvé et que j'aurais grand bonheur à accepter si j'étais plus marin que je ne le suis, le commandement d'un navire armé par une association catholique pour aller parcourir l'Océanie, portant à bord un évêque et douze missionnaires. Comprends-tu le bonheur qu'il y aurait pour moi d'être ainsi occupé à chaque instant du jour à glorifier le nom de Dieu, en concourant à l'œuvre la plus magnifique que l'on puisse fonder en ce temps-ci ?... »

On ne sait qu'admirer le plus en ces lignes, de l'ardeur qui l'entraîne à l'égal des missionnaires, ou de l'humilité avec laquelle il se croit inférieur à la tâche. Marceau, il est vrai, n'avait commandé jusqu'alors que des navires à vapeur. Sa réserve, bien qu'excessive pour ce qui le concernait, montre combien la conduite d'un navire à voiles était considérée comme délicate, dans les parages qu'il fallait explorer.

En dépit de cette crainte, Marceau, le lendemain matin, 22 septembre 1844, se présentait à la Table sainte pour recevoir le Dieu de conseil et aussitôt après son action de grâces, écrivait à M. Marzion la réponse suivante :

« MONSIEUR ET CHER CONFRÈRE (1),

« Ce n'est qu'hier après une absence d'un mois, que j'ai reçu la lettre concernant l'œuvre dont vous vous occupez pour l'Océanie. Dieu l'a voulu, l'a permis ainsi ; que sa sainte volonté soit faite !

« Si le capitaine de votre navire est désigné, je verrai dans les retards qu'a subis votre lettre, un moyen ménagé de Dieu pour empêcher qu'une œuvre aussi importante soit compromise par le zèle inconsidéré d'un serviteur incapable, qu'il saura employer ailleurs. S'il en est autrement, veuillez me le mander et me faire connaître l'ensemble de votre projet. Alors je pourrai

---

(1) On n'a pas oublié que M. Marzion était, comme Marceau, président d'une société de Saint-Vincent de Paul.

faire auprès de M. le Ministre de la marine les démarches nécessaires pour être libre de ma personne et mettre mes services à la disposition de l'œuvre. Il y a deux ans que j'en ai entendu parler par Mgr d'Amata. La pensée d'entrer dans cette œuvre m'a toujours séduit; j'ai été retenu par la considération que mes habitudes de marine militaire me rendaient peu apte à remplir ce poste. Le sentiment du bon Père Jésuite qui, en vous engageant à m'offrir cet emploi, n'a consulté que mon désir de travailler à la gloire de Dieu, m'a fait surmonter cette appréhension, et m'a décidé à écouter la voix de mon cœur. »

En lisant cette lettre, M. Marzion n'en croyait pas ses yeux ; considérant le silence de Marceau comme un refus, et ne sachant à qui s'adresser, il venait une fois de plus de différer l'exécution de ses généreux projets. L'acceptation du commandant du *Fulton* donna à l'affaire un nouvel élan et celui-ci se mit en demeure d'obtenir du ministère de la marine un congé illimité, avec l'autorisation de prendre le commandement d'un bâtiment de commerce.

Le ministre n'avait jamais reçu pareille demande ; non seulement il la considéra comme non avenue, mais il donna au solliciteur l'ordre de prendre immédiatement avec le *Fulton* la route du Brésil. L'homme de devoir courba la tête, remercia le Seigneur de manifester ainsi sa volonté et se prépara à obéir.

Mais ce n'était qu'une épreuve que la Providence permettait ; le *Fulton* ne partit pas, tous les obstacles se multiplièrent pour s'opposer à son départ, et les amis de Marceau agirent au ministère pour obtenir le congé déjà refusé. Ils ne furent pas plus heureux : là-dessus, M. Marzion qui avait besoin d'être fixé écrivit à Marceau :

« ..... C'est à vous de décider à quand la réalisation de nos projets d'une marine catholique pour l'Océanie ; si vous croyez pouvoir donner votre démission, nous sommes disposés à continuer nos efforts ; si vous tenez à faire votre campagne et à gagner vos épaulettes de capitaine de corvette, nous reprendrons nos projets à votre retour dans trois ans. »

Certainement Marceau ambitionnait les grosses épaulettes ; c'était l'espérance d'une longue carrière amoureusement suivie, mais une ambition plus noble partageait son âme, celle de se dévouer et de travailler à l'œuvre de Dieu ; aussi, après avoir réfléchi un instant, il ne se crut pas le droit de songer à son propre avenir et il envoya sa démission...

Marceau n'avait pas agi à la légère en sacrifiant ainsi le fruit de vingt années de service dans la marine royale, et l'officier qui restait ainsi sans position, sans fortune, sans prétention possible, sans honneur, n'avait pas obéi à un coup de tête... De sang-froid il avait considéré la situation qui lui serait faite, si le projet venait à manquer :

« — Eh bien ! si j'échoue, avait-il dit, il ne me restera plus qu'à tendre la main à la porte d'une église. »

Et quelques jours plus tard, à l'un de ses amis qui se faisait l'interprète de beaucoup d'autres, en lui reprochant sa démission et en l'accusant de folie, il répondait :

« — Oui, humainement parlant, j'ai perdu la tête ; mais j'espère que, par la foi, ma folie deviendra sagesse ; car je *travaille par la foi et pour la foi.* »

En recevant la démission de Marceau, l'amiral de Mackau, ministre de la marine, ne put s'empêcher de manifester son admiration devant l'énoncé des motifs auxquels obéissait le généreux officier et il lui accorda le congé si longtemps refusé. C'était lui conserver la même solde et les mêmes droits à l'avancement que s'il était en activité. Le dévouement de Marceau recevait donc déjà une première récompense.

Une autre aussi douce lui fut ménagée. Il avait à craindre que sa bonne mère qui, depuis sa conversion, lui était devenue plus chère encore, n'essayât de mettre des entraves à une démission si inexplicable et lui reprochât de sacrifier un avenir si laborieusement préparé et qu'il n'avait pas le droit de compromettre. Il n'en fut rien ; la

vaillante chrétienne se montra la digne mère de
cet héroïque enfant :

« — Elle préférait, dit-elle, voir son fils bien-
aimé, le dernier sur le martyrologe, que le premier sur la liste des amiraux. »

II

Ainsi encouragé par l'exemple maternel, Marceau ferma définitivement l'oreille à toutes les
voix de la nature pour ne plus écouter que les
appels secrets de la grâce, et il apporta à l'Œuvre
de la Marine religieuse les fécondes ressources de
son ardeur native.

M. Marzion, aidé de quelques amis, avait jeté
dans le public l'idée de l'entreprise grandiose
qu'il fondait ; des adhésions honorables étaient
venues encourager ce premier effort, mais il s'en
fallait de beaucoup que les souscriptions attei-
gnissent le chiffre nécessaire pour constituer la
société. Si on voulait l'accomplissement de l'œuvre,
il était nécessaire de lui donner une impulsion
toute autre, et surtout de dégager le côté nettement
religieux du côté commercial : ce rôle était réservé
à Marceau.

Il se rendit à Lyon, s'entendit avec le supérieur

des Maristes, se fit agent de propagande, multiplia les démarches, mit en œuvre tous les moyens d'action pour augmenter le nombre des souscripteurs. Le zèle de l'officier n'obtint pas le succès partout, mais il trouva des sympathies nombreuses, surtout dans la classe moyenne et chez les pauvres.

« Dans le principe, dit l'homme le mieux placé pour en juger, ce ne furent peut-être pas les personnes éminentes et influentes de la cité qui adoptèrent avec le plus de chaleur ce noble projet, et prirent le plus à cœur de le faire réussir ; Dieu se servit surtout de ce sexe si faible par sa nature, si généreux souvent par sa charité... On vit dans les pensionnats de jeunes élèves se cotiser pour pouvoir être actionnaires. Dans un collège célèbre, la classe de rhétorique, composée seulement d'une douzaine de jeunes gens, aurait pris une action (500 fr.), si la prudence des supérieurs, dépositaires de l'autorité paternelle, ne fût intervenue. De pauvres filles qui avaient fort peu de ressources, apportaient leurs 500 francs au trésor commun, en disant qu'il fallait un peu se gêner pour la propagation de l'Evangile, et forçaient les répugnances de ceux à qui elles les offraient. Un bon jeune homme, mal partagé des biens de la fortune, se fit actionnaire ; plusieurs donnèrent à condition qu'ils ne seraient pas connus ; un autre, déjà chargé d'un frère, et qui lui-même avait parfois besoin d'être assisté, vendit des objets à son usage pour réaliser une somme et contribuer au bien (1). »

Marceau, avouons-le, ne recevait pas partout le même accueil ; l'œuvre rencontrait parfois des indifférents sinon des adversaires, et l'officier de marine se voyait traité en chevalier d'industrie, en homme d'expédient, qui cherche à se faire une situation en spéculant sur la charité commune. Que d'humiliations, que d'affronts à dévorer en silence !... Mais le converti eut bien vite pris son parti de ces froissements de la nature ; son humilité se perfectionna à ce contact, et il en vint à regarder comme les meilleures, les journées où il avait à endurer ces manques d'égards :

« Tant mieux, se disait-il, c'est mon affaire ! ceci est pour mon propre compte ! »

La presse mondaine et sceptique ne pouvait manquer de trouver étrange la conduite de l'officier de marine et l'œuvre à laquelle il sacrifiait son avenir ; elle essaya de jeter le ridicule sur l'un et sur l'autre.

« Un de nos armateurs fort versé dans le mysticisme, disait un journal du Hâvre, avait arrêté pour commander un de ses bâtiments un des meilleurs capitaines de notre port. Au bout de quelques jours, il l'aborde d'un air sournois, et après un préambule des plus embarrassés, il lui demande s'il est bien sûr de pouvoir remplir

____

(1) *Vie de Marceau*, t. 1ᵉʳ, p. 245.

toutes les conditions exigées par l'entreprise qui lui est confiée :

« — Et à ce propos, capitaine, êtes-vous religieux ?

« — Mais parfaitement, Monsieur l'Armateur ; je suis religieux, très religieux.

« — Alors vous pratiquez ?

« — Comment si je pratique ! mais il y a vingt ans que je ne fais que ça ; je bats la mer depuis mon enfance.

« — Mais ce n'est pas de la mer que je veux parler, c'est de la pratique de vos devoirs religieux.

« — Oh ! je crois vous comprendre ! fit le capitaine en reculant de trois pas ; c'est-à-dire, Monsieur l'Armateur, que vous voulez savoir si je vais à confesse, si je suis jésuite ou capucin. Oh ! pour cela, non. Je ne suis pas votre homme ; adressez-vous à d'autres (1). »

Ces insinuations gouailleuses ne faisaient qu'exciter la bonne humeur de Marceau, qui disait en se frottant les mains :

« C'est bien, c'est bien, notre affaire marchera !... »

Le démon, en effet, essaie toujours de souiller de sa bave les œuvres que Dieu a marquées du cachet divin ; l'officier en avait déjà l'expérience

______

(1) Cité d'après F. JULIEN.

et ne s'effrayait pas, mais en revanche il s'opposait à ce que les journaux sérieux s'occupassent de lui ou de ses projets, et repoussait toute réclame comme indigne d'un but si noble.

Une seule fois seulement, il tenta un *coup d'état* bruyant, et encore ce fut près du ciel qu'il trouvait sourd à ses vœux ; n'obtenant pas pour son œuvre des succès assez rapides, il crut que la faute en était à l'ouvrier et s'en prit à son orgueil qu'il s'efforça de réduire encore davantage :

« C'est l'amour-propre qui fait tout mon malheur, disait-il ; il faut que j'écrase l'amour-propre ! »

Dans ce but il prit d'une main son chapeau et ses chaussures, de l'autre son chapelet, et, le regard fixé à terre, se mit à gravir, pieds nus, en plein jour, la pente escarpée qui conduit au sanctuaire de Notre-Dame de Fourvières.

Dieu récompensa l'humilité de son serviteur en lui envoyant la protection du cardinal de Bonald qui lui offrit les salons de l'archevêché pour y convoquer des réunions de souscripteurs. Marceau y parla avec cette liberté de langage dont sa conversion ne l'avait pas dépouillé. S'inspirant de son zèle, il commenta la parole de Jésus-Christ : « Malheur aux riches ! » et termina son apostrophe par ces conseils pratiques :

« ... Vous ne pouvez pas trouver le moyen de prendre 500 francs sur vos revenus ? Et pourquoi ne pas les prendre sur le capital ? Vous devez à vos enfants de le leur conserver ; soit ! Eh bien !

si vous voulez les regarder comme sacrifiés, imposez-vous l'obligation de mettre 100 francs de côté pendant cinq ans, et de la sorte vous aurez tout à la fois satisfait à vos scrupules, et concouru à une œuvre destinée peut-être à devenir catholique, comme celle dont elle n'est que le complément, et qui, dût-elle ne durer que quelques années, ne pourra manquer de vous valoir de nombreuses bénédictions, puisqu'elle aura servi à la conversion de milliers d'âmes. »

Ces discours enflammés, et d'autres semblables, répétés à différentes reprises, suscitèrent les dévouements et les ressources définitives qui décidèrent l'exécution de l'entreprise. L'Œuvre de la Marine religieuse pour les missions de l'Océanie allait entrer dans une phase active, mais auparavant celui qui en était devenu le chef et le principal ouvrier voulut soumettre à l'approbation du Souverain Pontife les plans de son apostolat.

Marceau partit donc pour Rome. « En mettant le pied dans la Ville éternelle, nous dit M. Julien, en entrant dans ce vivant foyer de la république des âmes, il sentit son cœur s'élargir, ses idées s'élever, et, saisissant mieux qu'il n'avait pu le faire jusqu'alors toute la grandeur du monde catholique, il se prit à trouver trop étroit le cadre dans lequel on avait circonscrit le plan de la Société maritime française de l'Océanie. »

Ses inquiétudes provenaient surtout du mélange et de la confusion apparente des intérêts commer-

Marceau en pèlerinage à Notre-Dame de Fourvières (page 143).

ciaux et spirituels, et il regrettait de subordonner l'œuvre religieuse au succès de l'œuvre temporelle. Ce n'était plus une Société française de l'Océanie qu'il rêvait de fonder, mais une Société maritime catholique.

« Il en esquissa rapidement le plan dans une note qu'il présenta au conseil de la Propagande de Rome. D'après lui, cette société ne devait pas travailler dans l'intérêt des actionnaires, mais pour les besoins matériels des Missions. Les premiers germes de ces Missions étaient déjà jetés dans l'Océanie ; ils y prendraient racine, s'y développeraient, et, grâce à l'assistance de la société, ils finiraient par se répandre et par rayonner sur tous les points du globe.

« D'ailleurs, puisque le but de cette entreprise était de répandre au loin la civilisation chrétienne par le commerce et par la civilisation, pourquoi ne pas resserrer par le lien commun de la religion les éléments divers, c'est-à-dire le marin, le commerçant et l'agriculteur appelés à y concourir? Confier ainsi le mouvement des affaires et la direction du commerce et de l'industrie à des hommes volontairement soumis aux vœux d'obéissance et de pauvreté, c'était là une idée hardie si elle n'était neuve. Elle rappelait l'ancien disciple de Saint-Simon, toutefois avec l'orgueil en moins, la soumission en plus (1). »

(1) *Commentaires d'un marin*, p. 54.

Le conseil de la Propagande rendit justice à la honte conception du plan de Marceau ; mais avec sa prudence ordinaire, il l'engagea à se borner dans un premier voyage à l'œuvre plus restreinte déjà organisée.

Marceau rentra donc en France et s'occupa de l'armement de son navire.

III

Le 30 août 1845, le quai de la Fosse, à Nantes, était couvert d'une foule nombreuse qui entourait un beau et grand navire. A la proue, se voyait un buste magnifique représentant la Vierge des Douleurs, qui, les mains jointes, élevait vers les cieux des yeux mouillés de larmes ; son pavillon portait une croix rouge sur un fond blanc, et son nom s'étalait en grosses lettres d'or : l'*Arche-d'Alliance*.

Ce navire, c'était celui que Marceau, de concert avec M. Marzion, avait choisi pour devenir, à travers les mers océaniennes, le premier aide des missionnaires. Conformément à cette noble destinée, l'évêque de Nantes lui apportait en ce jour sa première bénédiction, avec le charme de son éloquente parole.

Ce fut une heure solennelle dans la vie de

Marceau, celle où, debout au pied du grand mât,
il sentit les faveurs du ciel descendre sur ce
navire qui allait être l'instrument des grandes
choses que Dieu le destinait à accomplir. Deux
mois plus tard, salué par la parole d'adieu du
vénérable abbé Desgenettes, curé de Notre-Dame
des Victoires, le trois-mâts quittait le port du
Hâvre, ayant à son bord vingt-neuf hommes
d'équipage et vingt-deux passagers, presque tous
missionnaires.

« L'*Arche-d'Alliance* s'avança lentement parmi
les nombreux obstacles qu'offre la sortie d'un
port ; une foule considérable stationnait sur les
quais, la jetée était couverte de monde. La croix
flottait au sommet du grand mât, la brise était
favorable, les matelots faisaient entendre leurs
chants pittoresques. En peu d'instants, l'*Arche*
fut en grande rade, saluée d'un dernier et sympa-
thique adieu par les dames qui, sur la jetée, agitaient leurs mouchoirs, par les amis de l'œuvre
qui élevaient leurs chapeaux... A quatre heures,
le navire faisait route, poussé rapidement par la
brise sur une mer unie, et bientôt il s'évanouis-
sait dans le lointain et disparaissait à l'horizon
sous les flots bleus qui se mêlaient avec le
ciel (1). »

Mais l'épreuve est la marque distinctive des
œuvres divines ; elle devait inaugurer la campagne

____

(1) *Vie de Marceau*, t. 1ᵉʳ, p. 294.

de l'*Arche-d'Alliance*. Dès le soir du départ, le vaisseau fut aux prises avec un de ces coups de vent de sud-ouest si fréquents dans ces parages, surtout à cette époque de l'année. Ballotté entre les côtes de France et celles d'Angleterre, après plusieurs jours d'efforts inutiles pour sortir de la Manche, il alla s'abriter derrière l'île de Wight. Quand il quitta cet asile, le 29 novembre, ce ne fut que pour recommencer la lutte dans l'Océan contre la mer plus dure et plus dangereuse encore du golfe de Gascogne.

« Nous y restâmes errants pendant huit jours, a écrit un passager ; nous ne marchions que par bonds et par sauts, avec une brume épaisse, un froid intense, un roulis et un tangage épouvantables. Nos vieux matelots prétendaient n'avoir jamais éprouvé de tourmente si longue et si violente ; ils disaient : Il faut que quelque chose nous porte malheur, tous les diables sont déchaînés contre l'*Arche-d'Alliance* (1). »

En cette première épreuve, Marceau révéla toute sa force d'âme ; espérant seul au milieu de l'angoisse générale, il eut la hardiesse de promettre le beau temps pour le jour de l'Immaculée Conception. La Vierge répondit à la confiance de son serviteur ; le 8 décembre, le vent tombait et poussé par une brise favorable, le navire sans de trop grandes avaries poursuivait directement

---

(1) Cité d'après *Marceau*.

sa route à travers l'Océan. Il atteignit promptement Madère, Ténériffe et rencontra aux environs des zones tropicales ces belles brises fraîches et régulières auxquelles les Français ont donné le doux nom de vents alizés.

« Dans ces vastes et splendides solitudes, décrites par un homme de mer amoureusement épris de son métier, il règne un beau temps éternel. Le ciel est pur, l'horizon net et limpide. La mer est toujours belle et le bleu foncé de ses flots fait ressortir la blancheur éclatante de la crête des lames. Tout sourit, tout vient en aide au navigateur; rien ne peut l'inquiéter dans sa route. Vers le soir seulement, quelques vapeurs légères, s'élevant à l'ouest, ne semblent flotter dans un ciel sans nuages que pour conserver, pendant quelques instants de plus, les reflets empourprés du soleil noyé sous l'horizon. Quel est le marin qui ne se rappelle avec émotion les longues heures ainsi doucement écoulées dans la contemplation de semblables merveilles (1)? »

Marceau profita de ces jours de calme pour inaugurer à son bord le genre de vie qui convenait au premier navire de la marine religieuse. Le lever général était fixé à quatre heures et suivi de la prière en commun que le Commandant récitait lui-même à genoux, entouré de tous ses hommes. A l'exemple de leur chef, plusieurs

(1) M. Julien.

des officiers, le lieutenant Romieux, et le docteur
Montargis ajoutaient ensuite à cette prière une
longue méditation. Puis venait la sainte messe
qui était servie par Marceau et à laquelle il n'assistait jamais sans communier : depuis de longs
jours déjà, le banquet eucharistique était devenu
sa nourriture quotidienne. Le soir, les exercices
de piété reprenaient avec la récitation du chapelet
et la prière récitée publiquement.

La journée s'achevait par quelque cantique en
l'honneur de la Reine du ciel, chanté sur le pont
de la dunette par les missionnaires et les matelots,
s'abandonnant aux douces rêveries de la patrie
qu'ils ont quittée là-bas et des plages nouvelles
qu'ils vont chercher par delà les îles océaniennes. « Qui pourrait dire, écrit l'un d'eux,
tout ce qu'on éprouve de bonheur à chanter les
louanges de Marie par une soirée délicieuse, au
milieu de l'Océan, sous un ciel nouveau, parsemé
d'étoiles nouvelles, et cela au milieu du frémis-
sement des vagues, qui viennent par intervalles
se briser contre le navire, autour duquel se jouent
des monstres marins et mille oiseaux divers. »

Chaque jour apporte quelque nouveau spectacle qui vient rompre la monotonie de la
traversée :

« C'est la mer, tantôt calme, tantôt agitée, hou-
leuse, noire, azurée, verdâtre, phosphorescente ;
c'est le soleil qui, en se couchant, inonde l'Océan
de ses flots de lumière. Les levers et les couchers

La Messe de minuit sur le pont de l'*Arche-d'Alliance* (page 156).

du soleil sont de la plus haute magnificence sur la
mer. L'horizon se couvre de nuages nuancés de
mille couleurs d'or, de pourpre, de violet, de vert,
d'oranger ; ces nuages revêtent les formes les plus
fantastiques ; on dirait des volcans embrasés, des
lacs de feu, des montagnes de neige, des forêts,
des villes et des châteaux. J'ai vu bien souvent
tout l'équipage en contemplation devant ce
spectacle.

« Des nuées d'oiseaux venaient chaque jour
nous égayer en prenant leurs ébats autour du
navire, becqueter les vergues et les cordages.
Les plus communs sont les hirondelles de mer,
les pétrels, les albatros. Nous nous amusions à
les pêcher à l'hameçon, de même aussi que l'on
harponnait quelquefois des marsouins, des souf-
fleurs et d'autres monstres marins (1) ... »

Cependant l'*Arche-d'Alliance* approchait de
l'Equateur ; à la région enchanteresse des alizés
succédait presque sans transition une zone de
nuages et de pluies continues. L'air était lourd,
l'atmosphère suffocante. En dépit de cette impression pénible, le marin a toujours fêté par les
manifestations les plus excentriques le passage de
l'Equateur.

Le navire des missions de l'Océanie devait
aussi avoir ses réjouissances, mais elles ne pouvaient être du même genre. La Providence l'avait

(1) *Récit d'un passager*, cité d'après *Marceau*, t. 1ᵉʳ, p. 300.

amené sous la *ligne* au beau jour de la fête de
Noël ; et Marceau résolut de célébrer sur le pont, en
plein air, la messe de minuit. L'heure solennelle
de la naissance du Rédempteur fut annoncée par
une salve d'artillerie dont l'écho prolongé alla se
perdre à la surface lointaine des mers immenses.
Puis « comme dans les nuées de Bethléem, le
Gloria in excelsis retentit dans les airs. Un autel
improvisé s'élevait au pied du grand mât. Un
prêtre, au milieu des flots d'encens et des cérémonies du culte catholique, y appela le Dieu
vivant... Tout autour, l'équipage réuni dans la
même croyance et dans la même prière, se tenait
à genoux. Un abîme sans fond se mouvait sous
leurs pieds ; un abîme étoilé s'étendait sur leur
tête. Les cieux resplendissaient d'astres nouveaux
pour eux ; déjà la Croix du Sud levait à l'horizon ses bras étincelants (1). »

Un mois plus tard, l'*Arche-d'Alliance* approchait de l'extrémité de l'Amérique du Sud, mais un
problème se posait : comment aborder le Grand
Océan ? Fallait-il doubler le cap Horn ou s'engager dans le dangereux détroit de Magellan ? Cette
route plus courte avait l'inconvénient de n'avoir
jamais été tentée par un navire à voiles de la
dimension de l'*Arche-d'Alliance*. Marceau était
perplexe.

(1) *Commentaires d'un marin*, p. 164.

Descendre jusqu'au cap Horn, c'était perdre du temps, c'était très probablement sacrifier l'existence de plusieurs passagers dont la santé réclamait la terre le plus tôt possible, c'était enfin renoncer au désir de visiter les habitants de la Patagonie et de la Terre de Feu, dont les missionnaires étaient curieux de sonder les dispositions. D'un autre côté, s'engager dans le détroit exploré pour la première fois par les caravelles de Magellan trois cents ans auparavant, c'était s'exposer aux luttes qui avaient immortalisé l'intrépide navigateur portugais et peut-être compromettre à jamais l'œuvre entreprise.

En cette occurrence, le capitaine résolut de s'en remettre à la décision de la Vierge qui conduisait son navire ; le trois-mâts était à la hauteur de l'entrée du détroit, mais la tempête soulevait les vagues et les vents furieux lui interdisaient tout progrès dans sa marche. A l'exemple des grands navigateurs chrétiens du XVIe siècle, les Christophe Colomb et les Vasco de Gama, Marceau se jette à genoux sur le pont, tourné vers la statue de la Sainte Vierge et il la conjure avec larmes de faire entrer le navire dans le détroit, si c'est la volonté divine.

En moins de cinq minutes, raconte un témoin oculaire, le vent tourne et l'*Arche-d'Alliance* s'engage dans le détroit au chant des litanies. Plusieurs fois le navire toucha, les périls se multiplièrent, pendant trente-deux jours on lutta, mais les cent trente lieues s'opérèrent sans avarie grave.

Marceau était presque confus des marques si évidentes de la protection divine, comme en témoigne une lettre à sa mère, écrite après cette dangereuse traversée :

« Ne voulant point perdre de temps, je suis entré de nuit dans le détroit par un vent qui me faisait courir trois lieues à l'heure. Durant toute la journée suivante, j'ai continué la route avec un bonheur extrême. La brise semblait être à mes ordres. La Sainte Vierge, dont nous chantions les litanies, nous envoyait à chaque instant le vent qui nous convenait.

« Tu sais combien je redoutais le commandement de l'*Arche-d'Alliance*, parce que depuis longtemps j'étais éloigné de la marine à voiles ; mais l'assistance touchante que m'a donnée le maître des vents et de la mer en maintes occasions, a changé ma crainte en confiance. Aussi je répugne à faire la relation de mon voyage, parce que dans ma tête il se résume en cette seule pensée : la providence de Dieu est admirable ! »

CHAPITRE VIII

Les îles des Navigateurs, Wallis, la Nouvelle-Calédonie. — Courses
apostoliques de Marceau. — Périls multiples.

I

Le passage du détroit de Magellan accompli,
l'*Arche-d'Alliance* entrait dans le Grand Océan
et se trouvait en face de ces mers immenses que
la Providence avait réservées au zèle de son commandant et des missionnaires qu'elle portait.

Ce n'était pas une île, pas un point particulier
du continent, c'était toute une partie du monde
que ces hommes de dévouement avaient choisie
pour héritage. Le but précis cependant que les
Pères de la Compagnie de Marie se proposaient
d'atteindre était l'Océanie centrale dont les principaux territoires se composaient des îles des
Navigateurs, des îles Wallis et de la Nouvelle-
Calédonie. Sur cette dernière terre devait se fixer
le P. Colomb, chef des missionnaires à bord de
l'*Arche-d'Alliance*, et nommé secrètement coad-
juteur de Mgr Epalle. Mais avant d'arriver direc-

tement au terme de son voyage, il était du programme de l'*Arche-d'Alliance* de porter à toutes les Eglises naissantes qu'elle rencontrait sur son passage, l'appui et la consolation de la visite des missionnaires à bord du beau trois-mâts.

La première terre polynésienne que Marceau aborda fut Taïti, la reine des mers du Sud, mais qui malheureusement a pu être appelée à bon droit la Cythère océanienne. En cette île enchanteresse, la nature s'est montrée prodigue de toutes les séductions. « Des massifs de verdure dessinent le rivage derrière une ceinture d'écume et de coraux... Une pointe avancée bordée de cocotiers abrite la rade circulaire au fond de laquelle s'étend Papeïti avec ses maisonnettes blanches, ses jardins palissadés et ses cases en pailles à moitié enfouies sous le feuillage du bananier et de l'arbre à pain.

« Au-dessus de la ville, vers le milieu de l'île (trente lieues de circonférence), de hautes montagnes élèvent brusquement leurs sommets basaltiques. Elles cachent dans leurs flancs les profondes vallées d'où s'échappent des torrents d'eau limpide qui, sous des berceaux de lierre et de grandes fougères, courent jusqu'au rivage répandre leurs trésors de fraîcheur et de fécondité (1). »

----

(1) *Commentaires d'un marin*, p. 167.

Mais pour aborder à cette terre délicieuse, la passe est étroite, difficile et bordée d'une ceinture de récifs ; peu de temps avant l'arrivée de l'*Arche-d'Alliance* plusieurs navires y avaient péri ; ce n'était donc pas sans appréhension que l'équipage approchait de cette île. Précisément les vents étaient funestes et, malgré tous les efforts, le courant entraîna le navire sur un banc de corail. Déjà le pilote perdait la tête et s'écriait affolé :

« — C'est là que le *Bourbonnais* s'est perdu.

« — Passe pour le *Bourbonnais*, s'écria Marceau, mais l'*Arche-d'Alliance* ne périt pas ainsi, » et par son calme et sa confiance, le commandant rétablit la situation. Cependant le péril est toujours grand et sept chaloupes se détachent du port pour venir au secours du navire. En même temps le vent cesse, la mer se calme, et le trois-mâts peut faire son entrée, escorté des généreux habitants venus à son aide.

Le commandant de l'*Arche-d'Alliance* eût voulu montrer sa reconnaissance par des bienfaits d'un ordre plus élevé, mais les Taïtiens subissaient alors l'influence complète des ministres protestants que leur amenaient les vaisseaux de l'Angleterre ; leur seule religion consistait à chanter le dimanche en chœurs dialogués des chapitres de la Bible traduits à leur usage par les méthodistes. Or de telles pratiques sont insuffisantes pour corriger des mœurs aussi dissolues que celles de ces peuples.

Marceau voyant que son action était inutile pour le moment se prépara à poursuivre sa course, hâté encore par l'annonce d'une triste nouvelle : Mgr Epalle venait d'être massacré aux îles Salomon, victime des casse-tête et de la hache des sauvages. Cette mort était un coup de foudre pour le P. Colomb qui, déjà effrayé d'être appelé à partager la charge du vicaire apostolique, se voyait dans la situation de porter seul le poids d'une œuvre aussi importante.

Depuis dix mois qu'il vivait dans l'intimité du commandant de l'*Arche-d'Alliance*, il avait su apprécier sa foi et ses hautes vertus ; aussi est-ce à lui que le Père alla demander les premières consolations : ensemble le capitaine et le missionnaire tombèrent à genoux pour supplier le Ciel de leur donner le courage nécessaire à leur œuvre et le départ fut décidé pour les îles des Navigateurs.

L'arrivée de l'*Arche-d'Alliance* en ces îles évangélisées par les soins de Mgr Bataillon et de ses missionnaires, fut saluée par des cris de joie et de bonheur. A Upolu, — la rivale de Taïti par la beauté de ses sites, — le navire fut assiégé ; plus de vingt pirogues de sauvages s'avancèrent au devant de lui, avant son entrée au port.

« Les naturels serrent la main aux missionnaires, ils font le signe de la croix pour montrer à qui ils veulent être ; ils comptent les Popés (les catholiques) ; ils veulent savoir leurs noms. Plusieurs chefs demandent des prêtres. Les Kanaks se répandent comme l'eau sur le navire ; ils remplissent la salle à manger, la dunette, le pont, le gaillard-d'avant. Plusieurs portent suspendus à leur cou des chapelets, des croix, des médailles de la Sainte Vierge. C'est une expansion de bonheur inusitée. Enfin, à la nuit, ils sautent dans leurs pirogues et regagnent le rivage, en chantant tout le long de la traversée des chansons en l'honneur des arrivants (1). »

Le lendemain Marceau et les passagers descendirent à terre : ils furent accueillis par une assemblée solennelle des chefs catéchumènes réunis devant la case du missionnaire, le P. Roudaire. Là, sur une jolie place ombragée de cocotiers, ils avaient disposé leurs présents qui se composaient de bananes, de cocos et de porcs.

Après les saluts d'usage et l'offrande des présents eut lieu la cérémonie du kava, cérémonie reconnue indispensable par tous les habitants qui veulent honorer un étranger. Une solennité inaccoutumée préside à cette réunion, et chaque détail en est réglé par les lois de la plus stricte étiquette, à laquelle il faut se conformer sous peine de déplaire souverainement aux chefs qui

_____

(1) *Marceau*, t. II, p. 12.

vous reçoivent. En voici le récit, fidèlement raconté par un témoin oculaire ; il ne sera pas sans impressionner nos lecteurs :

« Les chefs et les autres membres de l'assemblée étant réunis, tous se placent en rond, formant un cercle plus ou moins grand suivant le nombre des assistants. A un point de la circonférence deux ou trois jeunes filles, ou, à leur défaut, des jeunes gens, après s'être lavé la bouche, broient avec leurs dents, qui sont d'une force et d'une blancheur remarquables, le kava (racine desséchée et dure ressemblant à celle de certaines crucifères). Lorsqu'elles ont bien mâché cette racine, en imitant le mouvement de mâchoire de nos ruminants, elles la disposent dans un grand vase de bois ; après quoi l'une d'elles annonce que l'opération est terminée et elle penche le vase pour que le chef voie si la quantité est suffisante. Sur un signe approbatif, elle se lave de nouveau les mains et la bouche, prend une poignée de filasse provenant d'une écorce, et mélange la racine broyée avec l'eau qu'une autre jeune fille a jetée dans le vase. Puis, avec cette même filasse, elle enlève toutes les parties de la racine qui n'ont point été dissoutes ; et la liqueur est préparée.

« On en fait alors la distribution. Le chef est servi le premier, ou bien lui-même désigne la personne à qui il cède cet honneur. La jeune fille remplit la coupe (une noix de coco) en se servant de la poignée de filaments comme d'une éponge. Le maître de cérémonies prononce successivement les noms de ceux auxquels on doit présenter la tasse, et il faut qu'il observe avec soin l'ordre hiérarchique. Le convive proclamé bat trois fois des mains, reçoit la coupe qui lui est offerte par une autre jeune fille, et enfin il l'approche de ses lèvres (1). »

On comprendra aisément que la préparation et l'arome de cette liqueur ne sont pas du goût de tout le monde. Quand la coupe fut présentée à Marceau, le médecin de l'*Arche-d'Alliance* qui était à ses côtés, lui dit avec un sourire :

« — Commandant, allez-vous boire ces horreurs ? »

Le capitaine lui répondit :

« — Docteur, souvenez-vous que nous sommes venus planter la croix; il faut bien se plier à tous les usages des populations que je veux gagner à Dieu ! »

Et il vida la coupe comme si c'eût été un verre de champagne. Quand vint le tour du médecin, celui-ci ne put surmonter son dégoût et il fit un geste tellement expressif que l'assemblée fit entendre un bruyant éclat de rire.

Pour rendre aux indigènes toutes les politesses dont ils les avaient comblés, lui et les siens, Marceau invita les chefs à dîner à son bord. Ce dîner

(1) *Marceau*, t. II, p. 15.

avec des Européens fut pour eux le suprême honneur ; c'était la première fois qu'ils s'asseyaient à pareille table. Leur joie fut à son comble et quand, le soir, ils quittèrent l'*Arche-d'Alliance*, ils s'en allèrent chantant un refrain composé pour la circonstance :

« Soyons aux catholiques, soyons aux missionnaires... »

Les femmes et les enfants qui attendaient sur le rivage les heureux convives, renvoyaient aux échos les mêmes cris d'allégresse et sur le pont de l'*Arche-d'Alliance* le cœur de Marceau comme celui des missionnaires tressaillaient de bonheur en entendant ces marques de sympathie si naïves et si spontanées.

Quelques jours après, on était au milieu de septembre, l'Eglise célébrait la fête de Notre-Dame des Sept-Douleurs ; c'était la fête patronale du navire et Marceau voulut profiter de cette occasion pour frapper les yeux des indigènes de toutes les pompes du culte catholique. « Les vingt-trois pavillons, raconte son biographe, flottaient sur le trois-mâts ; l'autel avait été disposé en forme de reposoir, comme à la Fête-Dieu. Les naturels couvraient le pont et la dunette, et huit des chefs étaient présents en grand costume : c'est-à-dire, l'un avec un pantalon ; l'autre avec une chemise ; celui-ci avec une vieille redingote ; celui-là avec une tape et un gilet. A l'élévation et à la bénédiction, une salve de neuf coups de canon vint ébranler le navire et stupéfier les pauvres sauvages. L'un d'eux (c'était un chef) s'empressa de demander un de ces canons pour défendre sa religion, si on voulait l'attaquer, tant les idées de ceux mêmes qui se sont fait inscrire parmi les catéchumènes sont confuses et incomplètes! Mais la conduite édifiante, le recueillement profond du commandant furent pour eux une instruction à l'abri de toute erreur. Le sauvage, comme l'homme civilisé du reste, apprend souvent plus par les yeux que par les oreilles. Et c'est dans ce sens que la présence seule de Marceau eût été un apostolat, quand même il ne l'aurait pas accompagnée de tant d'œuvres utiles. Après la messe il distribua des vêtements aux huit chefs qui avaient assisté à la cérémonie (1). »

L'*Arche-d'Alliance* séjourna un mois dans ces parages, elle y fit tant de bien que, un an après, le missionnaire qui évangélisait ces îles écrivait: « Lors du passage de M. Marceau, il n'y avait que soixante catéchumènes à Upolu, et encore quels catéchumènes!... Aujourd'hui notre petit troupeau s'augmente à vue d'œil, nous comptons actuellement plus de deux cents catéchumènes dans la seule île d'Upolu. Nous avons une église assez grande qui ne tardera pas à être terminée. Nous étions naguère loin de nous attendre à des résultats si heureux. »

(1) T. ii, p. 18.

Il faut avouer que Marceau ne fut pas reçu partout avec le même enthousiasme ; beaucoup des îles qu'il visitait étaient soumises à l'influence des méthodistes anglais qui firent l'impossible pour jeter le discrédit sur les missionnaires et les popés. Ils les représentaient à ces naïves tribus comme des anthropophages, faisant rôtir à la broche les protestants ou les faisant bouillir dans des chaudières.

Quelquefois ces calomnies atroces suffisaient pour éloigner les timides sauvages, qui prenaient la fuite en apercevant le trois-mâts à la hauteur de leur île. Mais le plus souvent, voyant le navire rester en rade, et Marceau traiter avec douceur les enfants assez osés pour s'avancer jusqu'au rivage, ils s'apprivoisaient peu à peu et entraient en rapports avec le chef des popés, comme ils appelaient le commandant. Par des échanges avantageux, Marceau les attirait jusqu'au navire, leur parlait adroitement de la religion catholique et dissipait leurs préjugés, de façon à préparer le passage ultérieur d'un missionnaire. Ainsi la bonne semence se répandait par les mains de cet ouvrier infatigable que la Providence s'était choisi.

L'autel avait été dressé sur le pont (page 166).

II

En quittant Upolu, l'*Arche-d'Alliance* se rendit aux îles Wallis, illustrées par les travaux de Mgr Bataillon. Parmi les nombreux missionnaires que la France a envoyés à l'Océanie, il est peu de figures aussi intéressantes que celle de l'apôtre de Wallis.

Un officier de marine qui l'a vu à l'œuvre a tracé de lui ce magnifique portrait : « Doux et patient à la fois, mais taillé en Hercule, le P. Bataillon joignait au mérite d'une indomptable énergie morale l'avantage non moins précieux, surtout pour les sauvages, d'une vigueur physique exceptionnelle. Seul, isolé, perdu en face d'une population composée de deux mille cinq cents cannibales, il eut ses heures de crise et de détresse, ses journées d'épuisement, de faim. Traqué parfois comme une bête fauve, réduit à se nourrir des débris que l'on jetait aux portes, jamais il n'eut de défaillance. Il avait trop conscience de sa force, trop d'espérance dans un prochain succès pour ne pas résister à la mort ; il voulait vivre à tout prix, vivre pour gagner au Christ et à la vérité le peuple avec lequel il avait engagé une lutte héroïque. Ses efforts énergiques ne furent point perdu. Il lui fut donné de recueillir lui-même les premiers fruits de son apostolat...

« En 1843, l'évêque d'Amata, traversant l'Océanie pour se rendre en Nouvelle-Calédonie, s'arrêta dans ces îles. Il était chargé par le Souverain Pontife de conférer au P. Bataillon la dignité d'évêque. En le rencontrant sur la plage, sous un soleil ardent, nu-tête, sans souliers, le teint hâlé, la barbe inculte, la soutane en lambeaux, il tomba à genoux. Lui, prélat, voulut recevoir la bénédiction de l'apôtre, avant de décorer de la croix pastorale ces glorieux haillons. A cette heure, le P. Bataillon était entouré de sauvages qui l'aidaient à bâtir les murs de son église. La truelle à la main, il les initiait aux premiers arts de notre civilisation (1). »

Ce fut un grand bonheur pour Marceau que cette rencontre de l'évêque-missionnaire ; il se prosterna à ses genoux, implora sa bénédiction, et, devant les habitants de l'île, s'appliqua à multiplier les marques de déférence pour montrer quel respect était dû au ministre du Seigneur. Il lui fit raconter tout au long le récit de ses travaux au milieu des sauvages de Wallis, et s'il admira l'ouvrier, il put non moins admirer l'œuvre.

Rien de plus édifiant que cette chrétienté de Wallis ; les passagers de l'*Arche-d'Alliance* n'en pouvaient croire leurs yeux. « On est confus, a

____

(1) M. F. JULIEN.

écrit l'un d'eux, en voyant la piété de ces bons insulaires. A toutes les heures du jour et de la nuit, on est sûr de trouver des adorateurs devant le Saint-Sacrement. Chaque matin, prière en commun et concours à la sainte messe, pendant laquelle le chant des cantiques ne discontinue pas. A la nuit tombante, ou pour parler comme les naturels, lorsque la cigale a chanté, on se réunit de nouveau au pied des autels pour la prière du soir. Alors les fidèles rentrent chez eux. Mais à peine la famille est-elle réunie que, dans toutes les cases, commence la récitation du chapelet, suivie du chant des cantiques et de la répétition du catéchisme. En ce moment, on n'entend plus dans l'île entière qu'un concert de louanges, devant lequel il est impossible de ne pas se sentir ému et attendri jusqu'aux larmes. »

Le séjour de Marceau en cette île lui ménagea plus d'un spectacle consolant. Ce fut d'abord le baptême de toute une tribu de sauvages que la Providence avait amenés à Wallis de la manière la plus émouvante et la plus miséricordieuse. Ces malheureux, habitant une île perdue dans les mers lointaines, avaient vu leurs moissons entièrement détruites par un ouragan terrible ; contraints par la faim d'abandonner leur patrie, ils étaient montés sur de légères embarcations, seule fortune qui leur restât. La tempête les avait dispersés et entraînés à l'aventure ; pendant cinquante jours, ils errèrent ainsi, privés de nourriture et résignés

au pire destin, quand un dernier coup de vent les
jeta sur la côte de Wallis.

Invités par Mgr Bataillon, les généreux habitants leur offrirent la plus cordiale hospitalité;
après avoir partagé avec eux leurs ressources
matériel!es, ils disposèrent leurs âmes à recevoir
le grand bienfait de la foi, et les passagers de
l'*Arche-d'Alliance* arrivèrent pour être témoins
de la reconnaissance de ces pauvres naufragés.

Marceau put leur procurer un autre bienfait qui
allait être pour Wallis la source des plus grandes
bénédictions. Pendant qu'il était à Lyon préparant
le départ de l'*Arche-d'Alliance*, le commandant
avait reçu la visite d'une personne d'une cinquan-
taine d'années qui lui demandait de se consacrer
elle aussi à l'œuvre des missions et le suppliait de
vouloir bien l'accepter à son bord.

Cette chrétienne dévouée s'appelait Mademoiselle Perroton. Ne disposant que de ressources
très minimes, elle offrait le peu qu'elle possédait
à condition qu'on lui permit le passage, s'engageant à remplir sur le navire le rôle de servante;
un seul désir la poussait : la gloire de Dieu et le
salut de l'âme des Océaniens.

Sur l'avis d'hommes sages, Marceau consentit à
l'attacher à son œuvre; elle s'embarqua donc, et
pendant tout le voyage fut pour tous les passagers
un sujet d'édification. Pas un instant son courage ne faiblit, et arrivée à Wallis elle entreprit
avec ardeur l'éducation des jeunes indigènes; sur

cette terre si bien préparée, le plus grand succès répondit à ses efforts, et aidée plus tard par des âmes aussi généreuses que la sienne, elle assura dans l'île le bien commencé par Mgr Bataillon.

Pendant que Marceau était à Wallis, il s'y passa un évènement qui eut pour cette chrétienté les plus heureux résultats. Un habitant de l'île était mort et on se préparait à l'enterrer quand soudain le cadavre reprend la vie, et le mort comme sortant d'un songe se met à raconter tout ce qu'il a vu et entendu : « Mon âme, dit-il, a été enlevée au ciel, puis transportée successivement au purgatoire et dans l'enfer. »

On eût attaché peu d'importance à ses affirmations, mais il se trouva que beaucoup de ses révélations sur la vie des anciens habitants de l'île qu'il avait vus au séjour des âmes étaient entièrement exactes sans qu'il eût pu cependant en avoir connaissance d'une manière naturelle. Bien plus, il annonça au grand jour plusieurs crimes secrets commis par des personnes encore vivantes et que celles-ci reconnurent.

Cette vision eut pour effet d'exciter encore la foi des habitants de Wallis et de leur donner une plus grande crainte des tourments de l'enfer, car le Wallisien leur déclara qu'il n'avait vu au ciel aucun des habitants de Wallis morts avant l'arrivée des missionnaires.

Cette histoire si extraordinaire et qu'on pourrait

croire inventée à plaisir est certifiée par les
missionnaires qui accompagnaient Marceau.

L'*Arche-d'Alliance* fut donc fêtée à Wallis
comme nulle part ailleurs ; mais après un séjour
d'un mois il fallut songer aux autres terres qui
avaient besoin de sa présence et faire voile pour
la Nouvelle-Calédonie.

Sur sa route, Marceau visita *Futuna* immorta-
lisée par le sang du P. Chanel, le premier martyr
de l'Océanie ; au tombeau de l'héroïque missionnaire il entendit une messe dite par un prêtre
revêtu de la soutane ensanglantée que le P. Chanel portait le jour de son martyre, et constata
l'heureux changement opéré dans cette île en
quelques années ; nulle part ailleurs il n'est plus
vrai de dire que le sang des martyrs est une
semence de chrétiens.

« En voyant, écrivait Marceau quittant cette
île, en voyant la métamorphose opérée dans ce
peuple autrefois si ardent à la guerre, et qui, dans
un jour de fête, servait sur la table de son roi les
corps de quatorze hommes égorgés, il est impossible de ne pas reconnaître l'action de Dieu. On
sent même que la protection du martyr a obtenu
cette conversion de la miséricorde infinie. C'est
une chose touchante à entendre que le chant
composé en mémoire de celui qui a été victime
de sa charité pour eux : Pleure, pleure, ô Futuna ;
tu t'es faite homicide ; tu as tué ton bienfaiteur,
etc... S'il était possible d'apporter quelque raison

humaine de la conversion d'un peuple, on pourrait dire que les Futuniens étaient dans d'assez bonnes conditions pour recevoir la vérité, à cause de leurs habitudes de travail, qui sont telles que jamais les missionnaires n'ont eu besoin de leur adresser des conseils sur l'oisiveté. »

Au reste ce petit peuple déplora universellement l'assassinat qui avait été commis sur la personne du Père qui les aimait tant ; immédiatement une chapelle fut construite sur l'endroit où le martyre avait eu lieu et on vit y travailler quatre des meurtriers qui avaient déployé le plus de cruauté.

Le 19 janvier 1847, l'*Arche-d'Alliance* était en vue de la Nouvelle-Calédonie et son commandant pouvait contempler cette côte dont jadis Mgr Douarre, l'évêque d'Amata, lui parlait avec tant d'amour sur les quais de Toulon. C'eût été pour le prélat et pour le marin une bien douce jouissance de se retrouver sur le champ de bataille, mais quelques mois auparavant Monseigneur Douarre avait dû repartir pour la France avec l'équipage de la *Seine* — plus de deux cents marins naufragés — qu'il avait préservé des horreurs de la faim.

Il y avait trois ans que l'héroïque évêque évangélisait cette île, la plus sauvage de l'Océanie. Le Néo-Calédonien pousse le vice commun aux tribus voisines jusqu'aux plus hideux excès : le libertinage et la paresse y dépassent toute mesure.

Les missionnaires comme les voyageurs donnent sur les mœurs de ces peuples les plus horribles détails.

La terre y est cependant favorable à la culture, mais au moment de la moisson ils se réunissent tous pour dévorer en quelques jours ce qui pourrait suffire à la subsistance de l'année entière. Aussi au bout de quelques semaines la misère survient avec la famine et il faut se contenter de coquillages ou de racines.

« Les Kanaks passent alors des journées entières sans manger ; ils deviennent maigres et tristes ; on en voit qui, pour tromper la faim, se serrent fortement les flancs avec une corde. Puis, comme des bêtes farouches et affamées, ils se font des guerres meurtrières, afin de se repaître de leurs semblables. Quelques traits choisis entre mille pourront donner une idée de leur incroyable férocité, et de la courageuse charité dont a besoin le prêtre de Jésus-Christ pour vivre au milieu d'eux, afin d'en faire des hommes et des chrétiens.

« Un missionnaire Mariste qui s'aventurait au loin dans l'intérieur de l'île pour chercher des enfants à baptiser, se trouvant un soir harassé de fatigue, entre dans la cabane d'un chef et lui demande l'hospitalité. Quelle horreur n'éprouve-t-il pas le lendemain, lorsque ouvrant le sac qu'on lui a donné pour traversin, il voit qu'il a reposé toute la nuit sur les restes sanglants d'une victime égorgée depuis peu !...

« Les Nouveaux-Calédoniens ne se contentent pas de manger, dans d'affreux festins, ceux avec qui ils sont en guerre ; un chef a le droit de tuer ses sujets pour régaler des amis. On cite même un jeune chef qui, pour nourrir ses chiens, mettait des hommes à mort. On en a vu un autre, vrai tigre altéré de sang, pour essayer la portée d'une carabine dont il voulait faire l'acquisition, placer de distance en distance sept naturels et les abattre successivement avec une froide satisfaction. La cabane de ce monstre ressemblait à un charnier de bête féroce. Il poussait le raffinement pour la préparation de la chair humaine, jusqu'à tuer, plusieurs jours avant ces abominables repas, les hommes dont il voulait se repaître afin que leurs corps eussent un goût de venaison (1) !... »

Dans son cannibalisme le Kanak n'hésite pas à se débarrasser de son père, il massacre sa femme et ses enfants, pour s'en nourrir ensuite. Il fallait le courage de l'évêque d'Amata pour se faire jeter sur le rivage de Balade, accompagné de deux Pères Maristes et de deux Frères coadjuteurs, sans autres armes que sa croix et son bréviaire.

« Quelles furent les pensées de ces hommes, se demande l'historien de ces missions, quand, voyant fuir à l'horizon le navire qui les avait portés, ils se trouvèrent seuls, isolés et perdus au

______

(1) *Marceau,* t. II, p. 70.

milieu de ces populations féroces et affamées? Quels purent être leurs moyens d'action ou de défense? Ils n'entendaient pas un mot de la langue. Le seul fait de leur existence est un prodige. Il est vrai que l'évêque était jeune, actif, entreprenant : il avait la foi de l'apôtre et le cœur du soldat. Son œil vif reflétait, sur sa figure ouverte et énergique, toutes les émotions d'une âme généreuse. Il allait droit au but, marchait droit au danger. Combien de fois par la seule puissance de son regard, le vit-on faire tomber des mains des assassins la hache ou le casse-tête déjà levé sur lui (1) ! »

Quand l'*Arche-d'Alliance* parut en vue de Balade, il y avait déjà plus de trois ans que l'évêque d'Amata s'était fait sauvage pour approcher de plus près l'âme de ses farouches indigènes. Son arrivée était attendue avec anxiété par les missionnaires qui, depuis le départ de Mgr Douarre, avaient plus à souffrir et à craindre que jamais.

Marceau affermit quelque peu leur influence en intimidant les sauvages par la vue de son navire armé ; il assista au baptême d'un enfant et accepta d'être son parrain. Mais son séjour ne pouvait se prolonger et quand il s'éloigna de ce rivage, il emportait en son esprit de tristes pressentiments.

____

(1) *Commentaires d'un marin*, p. 226.

En effet, quelques semaines s'écoulaient à peine
que les plus tristes nouvelles lui arrivaient. Les
malheureux missionnaires, après avoir vu un des
leurs égorgé, mutilé, emporté en morceaux pour
être dévoré, avaient été contraints de s'enfuir pendant la nuit et de se réfugier dans une tribu voisine. Mais l'abri était peu sûr, et après avoir
offert une dernière fois le sacrifice de leur vie, ils
attendaient la mort à chaque instant, quand Dieu
leur envoya un navire français qui les recueillit
à son bord et les arracha à un massacre assuré.

Mais le missionnaire n'a qu'une passion, se
dévouer pour les âmes, même de ceux qui en
veulent à sa vie ; aussi, à peine eurent-ils échappé
à ce péril imminent que les Pères de la Nouvelle-
Calédonie cherchèrent les moyens de reprendre
leur conquête abandonnée un instant.

Dans les premiers jours de 1848, l'*Arche-
d'Alliance* ramena donc pour la seconde fois ces
mêmes missionnaires sur la terre qui venait de
dévorer l'un d'entre eux et qui les guettait tous
l'un après l'autre. Cependant comme le dévouement n'exclut pas la prudence, on résolut cette
fois de n'occuper que les postes favorables, d'en
faire des lieux d'observation et de ne procéder à
la conquête que par étapes.

En même temps, Marceau fonda une autre mission dans l'île d'Aunatom. Ce port situé à l'extrémité méridionale des Nouvelles-Hébrides, permet
de surveiller tout le groupe des îles Loyalty, dis-

séminées le long de la côte nord-ouest de la Nouvelle-Calédonie. Ses habitants passent pour
moins féroces que leurs voisins et d'autre part
Marceau croyait avoir quelque droit de compter
sur leur reconnaissance. Cette confiance faillit
coûter cher au commandant de l'*Arche-d'Alliance*
et à son équipage, comme nous le verrons
bientôt.

III

Depuis trois ans déjà le navire tenait la mer, il
avait parcouru l'Océanie dans tous les sens,
transportant les missionnaires sur les points les
plus éloignés, visitant les missions établies, en
fondant de nouvelles, les mettant en rapport avec
les comptoirs qui pouvaient leur procurer des
secours. Taïti, l'archipel des Navigateurs, Wallis,
Futuna, la Nouvelle-Calédonie, avaient vu l'*Arche-
d'Alliance* dans toutes leurs rades, y faisant, à
différentes reprises, des séjours prolongés. D'autres déplacements moins importants, — que le
cadre étroit de notre travail nous a forcé à passer
sous silence — l'avaient conduite à l'île San-
Christoval, à Tonga, à Halgan, à Sydney. Cette
longue navigation dans des mers insuffisamment
explorées et sur des côtes dangereuses et privées

de ressources, n'avait pu s'opérer sans de nombreuses avaries et le navire avait connu de mauvais jours.

Le 6 octobre 1847, l'*Arche-d'Alliance* visitant les îles Wallis quittait le port de Notre-Dame pour se rendre à celui de Saint-Joseph. Comme dans toutes les mers soumises à l'action des tropiques, ces eaux sont remplies de bancs de coraux qui forment des écueils à bords tranchants à travers lesquels le navire doit passer pour atteindre les rades tranquilles et sûres. En ces passages difficiles peu nombreux sont les marins qui ne laissent, en dépit de leurs manœuvres habiles, quelques débris de leur quille ou de leur gouvernail.

« Debout sur le gaillard d'avant, Marceau veillait lui-même ; deux officiers étaient en vigie dans la mâture. Soudain, au moment de passer entre deux récifs, les vigies signalent une roche noire dans le passage même ; mais à quelle distance de la surface, ils ne peuvent le dire. D'un coup d'œil Marceau l'a mesurée : le choc sera inévitable, il ne faut plus songer qu'à l'amortir ; il commande une manœuvre (1). »

En même temps il fait vœu à la Sainte Vierge de réciter trois cents chapelets ; au même instant un horrible craquement se fait entendre et l'équipage affolé s'écrie: « Nous sommes perdus! »

(1) *Vie de Marceau*, t. II, p. 90.

Mais au milieu du silence de l'attente, la voix grave et calme de Marceau reprend :

« — Non, dit-il en faisant allusion aux deux termes du voyage, on ne se perd jamais en allant de Marie à Joseph !... »

Quelques années auparavant les mêmes parages avaient été funestes à un autre navire qui s'était perdu corps et biens ; l'*Arche-d'Alliance* en fut quitte pour y laisser son gouvernail qui coula par quatorze brasses de fond. Il fallut séjourner à Wallis pour réparer les avaries, ce qui nécessita le déchargement complet du navire ; pendant ce temps le commandant s'enfonçait dans les bois de l'île pour y trouver une solitude plus complète et y réciter sans troubles ses trois cents chapelets à la Vierge qui l'avait sauvé.

A cette occasion, le commandant s'attacha un jeune Wallisien qui devait lui donner pendant toute la campagne de l'*Arche-d'Alliance* les marques d'une fidélité constante et l'accompagner jusqu'en France. Ce jeune homme s'appelait Salomoné et était excellent plongeur. Aussitôt qu'il apprend l'accident arrivé au navire, il accourt et demande l'endroit précis où le gouvernail a disparu.

On lui montre un parage où l'eau peut avoir de vingt à trente mètres de profondeur ; sans hésitation, Salomoné plonge et ne reparaît qu'une minute après : dix fois il recommence le même exercice, jusqu'à ce qu'il ait trouvé le gouvernail

A Sydney, il rencontra de pauvres sauvages en haillons...
(page 190).

et rapporté comme gage de sa découverte un
morceau de cuivre qui recouvre le bois. Alors au
milieu des bravos de tous, il replonge une dernière
fois et attache au gouvernail une forte amarre qui
va servir à le retirer.

Pour récompenser le dévouement de l'intrépide
jeune homme, Marceau épuise toutes les offres de
présents qu'il a à sa portée : celui-ci ne veut rien
accepter et ne demande qu'une chose : c'est de
suivre le commandant partout où le portera sa
fortune. Touché de cette marque d'attachement,
Marceau ne peut cependant acquiescer au désir du
jeune homme qui est encore utile aux siens. Mais
le père de Salomoné qui partage l'enthousiasme
de son fils pour le commandant déclare devant
tous :

« — Oui, je te donne à Marceau. Je lui cède
tous mes droits, et désormais c'est lui qui est ton
père !... »

A partir de ce moment, Salomoné s'attacha aux
pas du commandant et ne le quitta pas un seul
jour ; il l'aimait vraiment comme un fils peut
aimer le meilleur des pères, et en retour Marceau
le traita comme son enfant et veilla sur lui avec
une sollicitude toute paternelle. Nous verrons
bientôt les services qu'ils se rendirent récipro-
quement.

Trois mois plus tard, le navire se rendait à
Sydney quand il se trouva enveloppé par la gigan-
tesque spirale d'un immense cyclone. Au milieu

de la tempête furieuse, l'*Arche-d'Alliance* bondissait comme un bois léger sur les eaux, tantôt sur la cime des vagues, tantôt entraînée dans d'effrayantes profondeurs.

« Le navire, dit le journal du médecin du bord, était dans la position la plus critique. Six hommes aux bras nerveux étaient au gouvernail et ne pouvaient s'en rendre maîtres. L'ouragan couvrait la voix de Marceau. Fortement incliné par la violence des vents, le navire embarquait l'eau par-dessus ses lisses... »

Pendant quinze jours, le vent souffle avec la même violence et la mer roule ses vagues monstrueuses, quand soudain l'une d'elles, plus terrible encore, emporte le gouvernail qui disparaît dans les flots. Pour ajouter à la tempête, un baril d'eau-de-vie défoncé par le roulis, s'enflamme et se répand en torrents de feu autour des cloisons du magasin à poudre. Une tonne d'eau, pesant dix-huit cents livres, se détache de l'entrepont où elle est amarrée, et se met à bondir d'un bord à l'autre, suivant les mouvements du navire, renversant tout sur son passage, démolissant toutes les cabines et menaçant de broyer tout ce qu'elle rencontre.

En ce moment, le plus critique que connut jamais l'*Arche-d'Alliance*, Marceau se montra encore supérieur à lui-même. « Jamais, dit un témoin oculaire, jamais le Commandant ne parut plus beau, plus grand par sa foi et par sa confiance en Marie : ce fut un magnifique spectacle que cet homme serein et calme, au milieu des épouvantables convulsions de la mer, de l'horrible sifflement de la tempête, des menaces lugubres d'un naufrage imminent, au milieu de l'effroyable agitation qu'il y avait au-dessus, au-dessous et tout autour de lui. Une stupeur générale régnait dans l'*Arche-d'Alliance* ; de vieux marins restèrent quelques jours glacés par la frayeur. Le Commandant seul n'offrait à ses hommes qu'une face de bronze tempérée par une douceur angélique (1). »

Au plus fort du danger, alors que tous les courages s'énervaient et que le désespoir envahissait l'équipage, il se tourna vers les matelots en leur criant :

« — Ayez confiance, il n'y a rien à craindre, nous avons un bon pilote sur le gaillard d'avant!... »

Cet appel à l'*Etoile de la mer* devait être entendu : s'abandonnant au vent, contre lequel il ne pouvait lutter, Marceau fut emporté sans direction possible, sur une mer d'écueils, entièrement à la merci des flots. En moins de huit jours il fit près de quatre cents lieues, filant sans gouvernail une vitesse de cinq nœuds à l'heure ; quand après avoir traversé toute la mer de corail, il arriva à Sydney, personne ne voulait ajouter foi à une navigation si fantastique.

(1) Cité d'après *Marceau*, t. II, p. 130.

Le Commandant n'essaya pas de s'en attribuer la gloire et de vanter l'habileté de sa manœuvre, il se contenta de proclamer bien haut la protection céleste qui s'était manifestée si ouvertement pour sauver l'*Arche-d'Alliance*.

Mais Marceau eut à combattre d'autres ennemis que les éléments. Pendant qu'il se trouvait à Sydney, il rencontra de pauvres sauvages en haillons, à demi morts de faim, qui erraient par bandes. Il s'enquit de leur situation et apprit que c'étaient des naturels de l'île d'Halgan, dont un vaisseau anglais avait surpris la bonne foi en les arrachant à leur pays pour les jeter ainsi dans Sydney et en faire des esclaves.

Ce n'était pas autre chose que la traite des nègres si largement pratiquée sur le continent africain. Mais il y avait encore sur la côte d'Australie assez d'honnêtes gens pour réprouver ces atrocités; faisant droit à leurs plaintes, le gouverneur les déclara libres. Ils n'en restèrent pas moins dénués de toutes ressources, manquant de travail et exposés à toutes les horreurs de la faim. Le cœur de Marceau s'ouvrait spontanément à toute idée généreuse : le Commandant leur proposa de les ramener, sans frais, dans leur île ; par ce procédé délicat, il croyait pouvoir compter sur la reconnaissance des habitants d'Halgan et résolut de leur donner un missionnaire.

Parmi les rapatriés se trouvait le fils du chef

d'Halgan, nommé Ouanekeli. Son retour fut salué par les acclamations de tous les sauvages réunis sur la côte, et dans son enthousiasme le chef annonça pour le lendemain une grande fête à laquelle il invita le commandant de l'*Arche-d'Alliance*. Le jour suivant, en effet, Marceau descendit au rivage avec le missionnaire et le jeune Salomoné qui lui servait d'interprète.

Le Commandant trouva les guerriers rangés en cercle pour le kava ; mais il fut surpris de ne voir ni le fils d'Ouanekeli, ni la plupart des sauvages qu'il avait ramenés ; il en exprima son étonnement, mais on lui répondit qu'ils étaient dans la tribu voisine et allaient revenir bientôt.

L'œil exercé de Salomoné aperçut certains signes des sauvages, il flaira un piège et en prévint Marceau qui prit un prétexte pour se retirer. Il n'était que temps ; déjà de grandes pirogues arrivaient de plusieurs points de l'île portant des hommes armés et barbouillés de noir. Leur plan était de se jeter sur l'équipage pendant qu'il serait à terre, de s'emparer du navire, de massacrer Marceau et les siens pour les dévorer ensuite.

Mais dès qu'ils virent les fusils reluire derrière les sabords et les canons braqués sur leurs pirogues, ils se jetèrent à l'eau plongeant comme des marsouins et ne reparaissant qu'à une assez grande distance pour gagner le rivage.

L'équipage était exaspéré et voulait châtier ces ingrats farouches qui l'eussent bien mérité ; la charité de Marceau s'y opposa, prétendant avec raison que ce n'était pas à coups de canon qu'on gagnait les âmes à Jésus-Christ.

Avant de quitter ces parages, le commandant de l'*Arche-d'Alliance* eut l'occasion de revoir le fils de Ouanekeli et put s'expliquer avec lui :

« — Tu voulais donc me manger ? lui dit-il. Est-ce la reconnaissance que je devais attendre de toi pour t'avoir ramené dans ton île ?»

Sans se troubler, le jeune sauvage lui répondit :

« — Ah ! si tu savais, combien la chair humaine est bonne !...»

Telle était la morale de ces pauvres indigènes, auxquels l'*Arche-d'Alliance* venait offrir la lumière de l'Evangile et pour lesquels Marceau et les siens avaient traversé les mers et bravé les plus grands périls !

CHAPITRE IX

Caractère du Commandant.

Habileté de l'officier. — Zèle du missionnaire. — Piété du saint.

I

De Sydney Marceau revint à Taïti; c'est en abordant dans cette île qu'il apprit, le 22 juillet 1848, la révolution qui venait de chasser du trône de France le roi Louis-Philippe, et qui devait désorganiser l'œuvre des missions de l'Océanie. Les œuvres de charité ont besoin du calme, résultat de l'ordre public; aussi les évènements troublés qui venaient de se passer tarirent dans leur source les souscriptions et les adhésions qui avaient alimenté jusque-là l'œuvre des missions.

En conséquence, le 28 janvier 1849, l'*Arche-d'Alliance* mettait à la voile une fois de plus, mais c'était après avoir dit adieu à l'Océanie et pour rentrer définitivement en France. Six mois plus tard, après une traversée assez mouvementée, l'héroïque trois-mâts entrait dans la rade de Brest.

Il y avait *quarante-quatre mois* qu'il avait quitté le port du Hâvre...

On a comparé la campagne de l'*Arche-d'Al-liance* à celle de Dumont d'Urville autour du monde; elle a pu l'égaler par les difficultés vaincues, mais elle la surpasse en durée, sans parler d'une supériorité morale qui laisse loin dans l'ombre la figure froide et sévère du commandant de l'*Astrolabe*.

Nous n'avons pas ici de parallèle à établir, mais nous célébrons la gloire d'un marin sur les mérites duquel on a peut-être trop fait silence à partir du jour de sa conversion. Il suffira de se rappeler les dangers multipliés auxquels Marceau échappa pendant quatre ans, depuis le périlleux passage du détroit de Magellan jusqu'à l'épouvantable cyclone qui le conduisit de San-Christoval à Sydney, pour rendre témoignage à l'habileté et au sang-froid de l'officier.

Sans faire du commandant de l'*Arche-d'Al-liance* un héros de la tempête, un être imaginaire, on peut dire qu'à l'heure où les règles pour échapper au tourbillon dangereux des cyclones n'étaient pas encore nettement formulées, il sut les deviner et prendre les précautions commandées par les circonstances.

C'est le témoignage que lui rendent tous ceux qui ont été à même de le juger. Le maître d'équipage de l'*Arche-d'Alliance* qui n'a pas perdu de vue le commandant pendant ces quarante-quatre mois de la traversée, a déclaré : « M. Marceau est *l'homme de mer le plus complet que j'aie jamais rencontré*. Il m'avait étonné dans le détroit de Magellan et partout, mais dans notre ouragan de quinze jours, gouvernant à la barre, vent arrière, par une mer démontée, haute comme la hune, *c'était quelque chose de magnifique que cet homme-là* (1) ! »

Et un autre officier disait : « Ah ! qu'il était beau, Marceau, commandant au milieu d'une tempête !... »

Lui, si doux, si bon, aux moments ordinaires du calme, sentait réveiller dans les heures de danger toute l'énergie de sa nature primitive. Alors, dit son biographe, il s'élançait sur le pont, écartait l'officier de service et prenait le commandement. Tout à coup, au lieu d'une voix frêle et molle, une voix ferme, sonore et fortement accentuée, dominant le bruit des flots et le sifflement des vents, venait électriser les hommes de l'*Arche-d'Alliance*. A l'instant tout l'équipage semblait renaître, les matelots harassés retrouvaient la confiance et leurs bras ; ils s'élançaient aux mâts, aux cordages, sur les vergues. Le navire soudain avait pris une âme (2) !... »

Marceau était fait pour le commandement et il avait reçu de la nature les qualités les plus pré-

(1) Cité d'après *Marceau*, t. ii.
(2) *Marceau*, t. ii, p. 188.

cieuses : coup d'œil sûr, décision rapide, sang-froid imperturbable. Un jour le timonier distrait donne un faux coup de barre qui va engager le navire sur les récifs ; d'un regard, Marceau a vu le danger. Il se précipite sur le gabier négligent, l'envoie rouler sur le pont, prend sa place et la garde jusqu'à ce que le péril soit écarté.

Le médecin de bord, le docteur Montargis, parlant de l'ascendant que le commandant exerçait sur ses hommes, a déclaré que c'était une sorte de fascination qui provenait de son regard et il raconte qu'un jour, un officier s'étant oublié devant une bouteille d'eau-de-vie, Marceau en fut tellement indigné qu'il le mit aux arrêts en s'écriant : « Je ne puis permettre qu'on scandalise mon équipage ! » Le docteur ajoute : « Ce jour-là, le commandant eut un moment de surprise. Il semblait dévorer cet officier. Je compris alors que tout ce que j'avais entendu dire de lui avant sa conversion devait être au-dessous de la vérité. »

II

Si Marceau fut un chef incomparable pour l'*Arche-d'Alliance*, il le dut non seulement à ses talents d'officier de marine, mais aussi à son zèle

qui pouvait rivaliser avec celui des missionnaires,
nous oserions dire le surpasser par instants.

Jamais Marceau ne perdit de vue l'œuvre à
laquelle la Providence l'avait convié ; jamais il
ne regarda le navire qu'il commandait comme
ceux dont jadis le gouvernement lui avait donné
la charge. On se rappelle le règlement qu'il avait
installé à son bord ; soir et matin la cloche reten-
tissait pour annoncer la prière en commun.
C'était Marceau qui la récitait lui-même au milieu
de son équipage ; c'était encore lui qui servait la
messe et il se croyait tenu à ce bon exemple.

Le premier à la prière, il était aussi le premier
au travail de quelque nature qu'il se présentât.
Quand les missionnaires débarquaient dans une
île et se préparaient l'abri qui devait les recevoir
au moins momentanément, le Commandant était
à la tête des ouvriers improvisés. La hache à la
main, il coupait, arrachait, traînait arbres et
broussailles, travaillant avec l'ardeur d'un homme
du métier.

Pour tous c'était vraiment le chef des missionnaires ; la confiance que lui témoignait le P. Colomb et ses compagnons lui méritait bien ce
titre ; mais le Commandant avait de lui des sentiments bien plus humbles. A terre il se faisait
leur serviteur, mangeait à leur table frugale et
comme eux se contentait d'eau pour boisson. Un
jour on l'entendit dire à l'un d'entr'eux :

« — Ah ! que je serais heureux, si je pouvais

vous servir comme simple frère dans votre petite cuisine !... »

Quand, arrivé à Wallis, il se trouva en présence de Mgr Bataillon, il put exprimer à son aise tous les sentiments qu'il éprouvait pour les hommes apostoliques qui avaient le bonheur de consacrer leur vie à conquérir les âmes. Les marques de respect qu'il témoigna au vicaire apostolique édifièrent les Pères eux-mêmes qui déclarèrent que « Marceau était le *missionnaire des missionnaires.* »

Dans cette longue campagne à travers le monde océanien, nul ne fit l'œuvre de Dieu avec autant d'efficacité que le Commandant de l'*Arche-d'Alliance*. Considéré par tous les sauvages comme le chef des *Popés*, tout le bien qui s'opéra passa par sa bouche ou par ses mains. Pour s'en convaincre, il faut lire les lettres écrites par les missionnaires des côtes qu'il a visitées :

« L'*Arche-d'Alliance*, s'écrie l'un d'eux, est venue embaumer notre île de la bonne odeur de Jésus-Christ ; ses exemples n'ont pas seulement frappé nos néophytes, ils nous ont arraché des larmes. Qu'il était beau de voir le digne Commandant donner le branle à tous les exercices d'une communauté, et s'y montrer toujours le premier et le plus édifiant !... Je n'ai jamais retiré autant de fruits d'une retraite que de la simple vue de l'équipage commandé par M. Marceau. »

Quand il s'éloigna de la Nouvelle-Calédonie,

ce fut les larmes aux yeux que les missionnaires vinrent lui faire leurs adieux et l'un d'entre eux, prenant la parole au nom de tous, se fit leur interprète en ces termes :

« Commandant, Messieurs... les missions conserveront longtemps le souvenir du navire béni que le ciel, dans sa bonté, leur a envoyé pour les secourir. Sillonnées en tous sens, ces mers l'ont vu cherchant les traces des missionnaires jusque dans les îlots les plus éloignés et les plus sauvages. Partout il a semé des prodiges, partout il a répandu des bienfaits, partout il a apporté la paix, la consolation et le bonheur... Navire chéri, adieu, peut-être pour la dernière fois. Recevez aussi nos adieux, vous, Messieurs, qui avez daigné nous recevoir parmi vous comme des frères. Et vous, Commandant, que je ne sais de quel nom appeler, parce que vous avez mérité tous les titres que je puis vous donner, agréez nos derniers adieux et nos derniers remercîments. Toutes les missions vous proclament à l'envi leur bienfaiteur et ont les yeux tournés vers vous (1). »

D'autres proclament l'arrivée de l'*Arche-d'Alliance* en ces lointains parages comme l'avènement d'une ère nouvelle et saluent Marceau du nom glorieux d' « *Apôtre de l'Océanie.* » Si, en effet, pour l'apostolat il suffit de la noblesse du but poursuivi, de la générosité du zèle et du

_____

(1) Cité d'après *Marceau*, t. ii, p. 177.

dévouement, Marceau fut apôtre dans toute la force du terme. Sur toutes les terres qu'il visita, il voulut marquer son passage par l'érection d'une croix : il considérait cette cérémonie comme une prise de possession au nom du souverain Maître dont il se faisait l'ouvrier.

Mais c'était surtout dans les âmes qu'il rêvait d'imprimer ce signe du salut et on peut dire que pour cela il ne ménagea rien, ni les voyages lointains, ni les traversées pénibles, ni les démarches humiliantes.

Un riche négociant de l'île d'Aunatom, le capitaine Paddon, avait rendu quelques services aux missionnaires ; Marceau crut devoir aller le remercier. Il fut reçu très froidement, et ces procédés n'eussent pas manqué de froisser tout autre que le Commandant de l'*Arche-d'Alliance*; celui-ci ne fit aucune réflexion et à quelque temps de là, M. Paddon étant tombé malade, Marceau renouvela sa visite. Cette visite avait un but intéressé ; le capitaine était protestant et il s'agissait de le gagner à la vraie foi.

Pour cela Marceau essaya tout d'abord de vaincre ses répulsions en multipliant les procédés délicats; il commença par lui offrir son médecin.

« — Je n'ai confiance, répondit sèchement M. Paddon, ni aux médecins, ni aux remèdes.

« — Mais vous croyez peut-être, reprit Marceau, que le docteur que j'ai à mon bord est un de ces [illegible] officiers de santé tels qu'on en trouve sur

Que signifient, Monsieur, ces deux tableaux que je vois là ?
(Page 207.)

les baleinières. C'est un homme fort habile, un médecin de Paris ; faites-moi l'amitié de recevoir sa visite. »

« A force d'instances, il obtient son consentement, et le médecin se présente. Mais à peine celui-ci a-t-il considéré le malade que le trouvant enflé d'une façon alarmante, il tire Marceau à part et lui dit : « Il est perdu. Ce que vous pourriez faire pour adoucir ses derniers jours, ce serait de lui envoyer du vin de Bordeaux. » Aussitôt le Commandant fait porter à M. Paddon vingt-cinq bouteilles de ce vin, les seules qui restassent. Le capitaine, touché des attentions dont il était l'objet, ne put refuser son amitié et son estime à Marceau auquel, à son tour, il fit présent de quinze moutons. Mais le digne Commandant de l'*Arche-d'Alliance* ne s'en tint pas là, et quand il fut seul avec M. Paddon :

« — Capitaine, dit-il, vous êtes bien malade. Je voudrais vous prier d'essayer un petit remède, auquel j'ai grande confiance, et qui, j'espère, vous soulagera.

« — Vous savez bien que je n'aime pas les remèdes.

« — Celui que je vous offre n'est pas du ressort de la médecine : c'est une médaille de la Sainte Vierge.

« — Mais je suis protestant.

« — N'importe, Capitaine ; *ça m'est égal.* Prenez une médaille : c'est l'image de la Mère du

Sauveur ; et il lui passe au cou la médaille de l'Immaculée Conception, dite médaille miraculeuse ; car il avait eu soin de préparer lui-même le cordon.

« — Je vous promets de la porter, reprit M. Paddon.

« — Mais ce n'est pas tout, Capitaine, ajouta Marceau ; sur cette médaille se trouve une petite invocation à la Mère de Dieu. Promettez-moi de dire chaque jour : *O Marie, conçue sans péché, priez pour nous qui avons recours à vous.*

« — Mais je suis protestant; je ne prie jamais.

« — Peu m'importe !

« — Eh bien, je vous le promets encore, puisque vous le voulez : je dirai l'invocation chaque jour.

« Marceau lui fit encore accepter une autre fois un livre religieux avec le texte anglais, après avoir donné aux mêmes objections les mêmes réponses. Enfin il lui présenta une prière particulière, et il lui dit :

« — Capitaine, vous ferez cette prière tous les jours. Je la réciterai moi-même tous les jours pour vous sans y jamais manquer.

« M. Paddon mû sans doute par la grâce, et frappé d'une conduite si touchante qu'on ne pouvait attribuer qu'à une vraie charité, promit tout. Deux mois après, Marceau apprit que M. Paddon était guéri ; il attribua cette guérison à une protection singulière de la Sainte Vierge qui avait voulu récompenser en lui les services rendus aux missionnaires (1). »

Marceau se trouva en relations avec un autre protestant. On sait le cas qu'il faisait des agents de l'Angleterre auxquels il se heurtait sur presque tous les territoires abordés : l'un d'entr'eux s'était rendu célèbre par ses revendications qui, traversant les mers, étaient venues effrayer le trop pusillanime Louis-Philippe.

On se rappelle l'affaire Pritchard qui eut son heure de retentissement en France et eut pour conséquence de redoubler encore l'arrogance des Anglais en Océanie. Marceau ne pouvait avoir pour le consul missionnaire que des sentiments de peu d'estime ; malgré tout il tint à le voir et se présenta chez lui pour dissiper un malentendu.

Les ministres méthodistes, en voyant arriver dans leur île un bâtiment commandé par un officier de la marine de l'Etat, n'avaient pas manqué de le représenter comme l'avant-coureur d'une expédition militaire et le précurseur d'une prochaine invasion. L'argument était plausible, pour des sauvages, mais il avait surtout pour but de rendre les Français odieux à des populations jalouses de leur indépendance. Ils confondaient ainsi à dessein deux choses bien distinctes : la France et la religion catholique.

(1) *Marceau*, t. II, p. 174.

C'est cette erreur que Marceau entreprit de dissiper en se présentant devant le célèbre Pritchard qu'il rencontra dans l'archipel des Navigateurs.

Le consul le reçut avec cette hypocrisie mielleuse qui lui était particulière, et commença par l'assurer des sentiments de sympathie personnelle qu'il éprouvait pour lui et pour les missions catholiques françaises, mais Marceau l'arrêta court le priant de s'expliquer :

« — D'abord, pourquoi, lui dit-il, confondre obstinément les mots de catholique et de Français? Vous savez bien que ce n'est pas une même chose. Si je suis ici, c'est comme catholique et non comme Français, vous le savez bien. »

M. Pritchard essaie de calmer l'orage qu'il a soulevé par de nouvelles paroles empreintes de la même courtoisie, témoignant des égards qu'il a pour la France et pour la religion catholique, mais le Commandant l'arrête :

« — Franchement, Monsieur le Consul, s'écrie Marceau en se levant brusquement de son siège, comment voulez-vous que j'ajoute foi à vos paroles, quand je vois ici le mensonge s'étaler partout, et la plus odieuse des calomnies impudemment affichée jusque sur vos murailles? »

En effet sur les murs du salon, en face du siège où était assis le Commandant, s'étalaient deux gravures anglaises représentant l'arrivée de nos troupes dans l'Océanie, avec une légende portant

pour inscription : *Les chrétiens de Taïti persé-
cutés par les Français.*

« — Mais, Monsieur le Commandant, je ne
comprends pas ce que vous voulez dire...

« — Oui, Monsieur, que signifient ces deux
tableaux que je vois là, qui représentent la prise
de Taïti et parlent de persécution ! Dites-moi, je
vous en prie, en quoi la religion a été persécutée
dans la personne des Taïtiens ?... »

Et Marceau poursuit avec vigueur pendant que
Pritchard, à bout d'arguments, s'excuse, disant
que ces tableaux lui ont été donnés et qu'il en orne
sa demeure sans y voir l'expression d'une réalité (1).

C'est ainsi que le Commandant de l'*Arche-
d'Alliance* ne perdait pas une occasion de relever
le prestige de la mission qu'il remplissait, surtout
près de ces populations de sauvages pour lesquelles l'éclat extérieur est presque tout. La
rigueur et la fermeté que nous venons de lui voir
déployer vis-à-vis du consul anglais n'étaient
pourtant pas la forme habituelle de son intervention. Son action était tout entière de douceur et
de bonté.

Il cherchait à attirer ces pauvres sauvages par
des sentiments d'humanité et de charité, leur
rendant mille services délicats, et les entourant
d'attentions prévenantes. Nous avons vu de quelle

(1) V. Félix JULIEN, p. 185.

reconnaissance il était payé souvent ; quand ce n'était pas la soif du sang qui s'éveillait en eux, c'étaient d'autres instincts peu nobles également, tels que l'amour du gain et l'esprit de cupidité.

Mais le bienveillant Commandant leur répondait : « Vous aurez beau faire, vous ne pourrez pas m'empêcher de vous aimer. » Et devant l'intervention de l'équipage de l'*Arche-d'Alliance* qui n'était pas toujours animé de la même générosité, il ajoutait : « Ce sont des chrétiens maintenant, mais vous oubliez trop vite qu'il y a quelques mois ce n'étaient que des assassins !... »

Aussi jamais, en dépit de toute leur perfidie, il ne consentit à se servir contre eux des armes à feu qu'il avait à son bord.

Le zèle de Marceau ne se contentait pas de s'exercer sur les indigènes des îles qu'il visitait ; les âmes de ceux avec lesquels il vivait chaque jour lui étaient encore plus chères et étaient pour lui l'objet d'une constante sollicitude. A bord de l'*Arche-d'Alliance* les exercices religieux étaient multipliés ; et en plus des instructions de chaque dimanche, le Commandant priait souvent les missionnaires de donner des retraites aux passagers et aux hommes de l'équipage. Le mois de Marie et le mois du Sacré-Cœur donnaient l'occasion des cérémonies les plus touchantes ; aussi les communions étaient-elles fréquentes à bord du navire.

Mais la dévotion qui y était le plus en honneur

était le culte de la Sainte Vierge, la véritable
arche d'alliance dont le trois-mâts avait pris le
nom. Chaque soir, à l'issue de la prière, on
récitait les litanies, et quand se présentait cette
invocation : *Fœderis arca*, Marceau se recueillait
et la prononçait trois fois. Aussi même les incrédules du bord reconnaissaient la puissance de
Marie et portaient la médaille de l'Immaculée-
Conception ; voici comment le Commandant s'y
était pris pour arriver à ce résultat :

« Nous arrivons en Nouvelle-Calédonie, leur
disait-il, et probablement nous courrons de grands
dangers ;... je n'ai ni armes, ni moyens de défense
à vous donner, mais voici des médailles de Marie
conçue sans péché ; je vous engage à en prendre
tous. A ceux qui n'auraient pas la foi et diraient :
Que peut nous faire ce morceau de cuivre ? je
répondrai ce que saint Bernard répondit en une
occasion semblable. Il avait béni de petits morceaux de pain dans un temps d'épidémie, et avait
dit publiquement : Tous ceux qui en mangeront
seront guéris. Un évêque craignant que le saint
ne se fût trop avancé se hâta d'ajouter devant les
fidèles : Le Père vous dit que ce pain guérira tous
ceux qui en mangeront avec foi. « Non, dit saint
Bernard, je n'ai pas parlé ainsi ; mais tous ceux
qui en mangeront seront guéris. » Je ne suis pas
un saint Bernard ; néanmoins je vous dis comme
lui : Il n'arrivera aucun mal à tous ceux qui pren-
dront cette médaille de l'Immaculée-Conception.

J'en fais clouer une à l'avant de l'*Arche-d'Alliance,* une autre dans la chaloupe. Faites ce que vous voudrez. » Là-dessus, le Commandant se retira, laissant les médailles sur une table (1).

L'influence de Marceau était si grande et on avait une telle confiance dans une parole qui semblait si vraie et si sûre d'elle-même que chacun voulut sa médaille, il n'en resta pas une seule.

Et cependant parmi les hommes de mer qui composaient l'équipage, il s'en trouvait plus d'un qui avaient laissé sur les rudes chemins de leur existence aventureuse, sinon la foi, au moins l'abandon des pratiques religieuses de leur enfance. A la fin de la campagne de l'*Arche-d'Alliance,* le nombre des passagers se vit augmenter par cent trente soldats que le gouvernement priait Marceau de rapatrier ; dans ce nombre se trouvaient des condamnés militaires et un entr'autres dont l'esprit railleur tournait en ridicule toutes les coutumes religieuses du bord.

Le Commandant eut pu facilement lui imposer silence et couper court à ses plaisanteries déplacées, mais il avait le désir de gagner cette âme et pour cela voulait la traiter avec douceur. Il y mit toute son adresse : le soldat savait manier les ciseaux et le rasoir ; Marceau profita de cette occasion et le fit appeler pour le raser.

« Prétexte que tout cela ! écrivait plus tard le

(1) Cité d'après *Marceau,* t. II, p. 147.

condamné dans un récit des plus intéressants ; le brave homme en voulait à mon âme. Lors donc que je tenais sa tête entre mes mains, il me dit :

« — Mon ami, vous êtes un vieux sergent, m'a-t-on dit, et vous avez rétrogradé...

« — Oui, mon Commandant. »

En effet le malheureux était arrivé trois fois à ses galons de sous-officier et trois fois s'était fait casser ; il venait de purger une condamnation à cinq ans de fers.

« — Eh bien, continua Marceau, Dieu vous a conduit sur le navire de Marie pour de bonnes raisons ; sans doute vous êtes chrétien et catholique?...

« — Oui, mon Commandant. » Et là-dessus, continue le condamné, il me fit un petit discours sur les devoirs du chrétien et l'obligation où nous sommes de sauver notre âme.

« — Oh! mon Commandant, repris-je, j'ai bien dit : chrétien et catholique ; mais dévot, non... c'est bon pour les vieux et pour les femmes! En 1826, j'ai fait ma première communion ; puis tout a été dit, et je n'ai plus pensé à ces choses-là.

« Alors il me parla de l'attachement qu'il avait pour moi, de l'espoir qu'il avait de mon retour à la religion, et il ajouta :

« — Pauvre condamné militaire, je vous aime de préférence à tout autre! La Mère des miséricordes a des vues pleines de bonté sur vous. Je vous attends demain, nous causerons ensemble.

« — Oui, mon Commandant; merci, mon Commandant.

« Et je le quitte. Mais le lendemain à huit heures je compris, à ce que j'éprouvais quand il me parlait du salut et me prouvait notre religion, qu'il avait prié pour moi. Car, après avoir fait mille objections déplacées, je commençai à rougir de moi-même et j'eus la ferme conviction que je n'étais qu'un sot chrétien. Dès lors j'allai aux instructions qui se faisaient à bord. Chaque matin j'admirais le saint homme Marceau dans ses dévotions ; et ses exemples fortifiant en moi les paroles du prêtre, je sentais la foi s'infiltrer peu à peu dans mon âme. Déjà je prenais le parti de la vérité et je faisais opposition aux faiseurs d'esprit du navire. Enfin la grâce de Dieu vint en moi d'une manière extraordinaire, soit par les instructions sur la religion, soit par les prières du saint Commandant et celles des âmes pieuses qui étaient à bord (1). »

Le pauvre condamné devint un catholique si fervent qu'on l'entendait s'écrier plus tard :

« — Ah ! que je suis heureux d'avoir été condamné ! Sans cela je n'aurais jamais été sur l'*Arche-d'Alliance*. Je ne donnerais pas ma condamnation pour un royaume. »

---

(1) Cité d'après *Marceau*, t. II, p. 214.

III

Si la charité et le zèle du missionnaire prennent leur source au foyer de l'amour divin, on ne s'étonnera plus de voir ce que le chrétien converti était devenu dans Marceau.

C'est sur le pont de l'*Arche-d'Alliance* qu'il eût fallu convoquer ses amis sceptiques de Brest et de Toulon, pour voir le spectacle de ce que la grâce divine, aidée d'une volonté énergique et puissante, peut faire d'un incrédule, ou d'un disciple de Saint-Simon !...

Marceau communiait chaque matin et puisait au banquet eucharistique la force et le secret de toutes les vertus. Aussi son caractère avait-il subi une transformation complète ; cet officier, jadis si fier, si irascible, si prompt à la réplique, était devenu un homme doux et humble ; son regard ne respirait que la bonté : il fallait dans le service un danger bien grave pour en rallumer subitement la flamme qui alors brillait comme un éclair, mais s'adoucissait bientôt en reprenant son expression accoutumée.

Aussi Dieu récompensait son serviteur par un calme et une paix inaltérable dont son âme ne se départait jamais, même dans le péril. Au moment du terrible cyclone qui compromit le salut de l'*Arche-d'Alliance*, le Commandant écrivait dans son *Journal* : « Mon âme est calme, par la pensée que je suis entre les mains de Dieu. Il m'arrive bien quelquefois d'être un peu tourmenté par la crainte des évènements possibles ; mais cette inquiétude n'est qu'à la surface ; le fond de mon âme est paisible. Il ne peut rien arriver que ce que le bon Dieu voudra. J'accepte d'avance toutes les épreuves qu'il lui plaira de m'envoyer. »

Quand on pense que l'homme qui écrit ces lignes est le jouet des flots et des vents qui l'entraînent à l'aventure sans direction possible, quand on songe que depuis quatre jours et trois nuits il n'a pas quitté le pont et n'a pas pris une minute de repos, on tombe d'admiration devant une pareille force d'âme.

C'est que cet homme a tellement mortifié sa volonté qu'il semble n'avoir plus aucun désir personnel : le bon plaisir de la Providence est son seul souci. Un trait achèvera de montrer la puissance avec laquelle il commande à son caractère.

Il avait eu à se plaindre gravement d'un agent sous ses ordres et il lui adressait la réprimande méritée, quand soudain celui-ci entre en fureur et s'oublie au point de souffleter le Commandant. Marceau bondit sous l'injure qui l'a surpris, et s'apprête à traiter son subordonné avec les égards qu'il mérite, quand soudain il se ravise, se calme et sans autre émotion apparente reprend :

« — Mon ami, vous me faites compassion ! »

Marceau n'était arrivé à se rendre ainsi maître de ses moindres mouvements que par une pratique constante de l'humilité. Toujours se considérant comme le dernier et le serviteur de tous, il suppliait Dieu de ne pas entraver le succès de la mission à cause de ses péchés.

« — Demandez au ciel, disait-il à un missionnaire, que j'emploie le reste de ma vie mieux que je n'ai fait jusqu'à présent. J'ai quarante et un ans, et il n'y a que six ans que je désire servir Dieu et l'aimer !... Si je le faisais encore !... »

Dans son humilité il s'appelait souvent « le dernier des enfants de Marie. » Ah ! c'est que la Vierge était pour lui l'espérance souveraine. Lui ayant consacré son navire, il se considérait comme appartenant tout entier à son service et ne relevant que d'elle. Son souvenir lui était sans cesse présent, et il l'invoquait non seulement dans les circonstances solennelles et dans les dangers pressants, comme nous l'avons vu, mais à chaque heure du jour et presque constamment.

Quand Marceau se promenait seul sur le pont, ses lèvres s'entr'ouvaient pour murmurer une prière et entre ses doigts se déroulaient les grains de son chapelet.

Ah ! le chapelet de Marceau ! il était célèbre dans cette campagne de l'*Arche-d'Alliance* ; on était si habitué à le voir que les plus malins en plaisantaient parfois ; mais le Commandant ne persistait pas moins à le représenter comme sa seule force : quand après le danger on venait le féliciter et vanter l'habileté du capitaine il répondait en souriant :

« — Ah ! ce n'est pas le talent du capitaine !... Le chapelet y fait plus que le talent !... »

S'inspirant de sa dévotion à Marie, il clouait des médailles sur toutes les portes des établissements de la mission et en distribuait à ses hommes toutes les fois qu'il leur donnait un ordre périlleux.

Un jour qu'on descendait sur une terre inconnue, un jeune pilotin s'approche de lui et lui dit à demi-voix :

« — Commandant, je n'ai pas de médaille ; il en manquait une et je n'en ai pas eu. »

Marceau lui répond :

« — Je n'en ai pas d'autre que celle que je porte, mais j'aime mieux que tu l'aies que moi... »

Et il l'ôte de son cou pour la lui donner.

Quelques heures plus tard, le Commandant, selon son habitude, veut avant de se rembarquer, faire peindre en lettres énormes sur un rocher qui surplombe la mer, l'annonce du passage de l'*Arche-d'Alliance*, en telle année et à tel jour.

Dans ce but on attache le jeune pilotin et on le fait descendre par une corde le long du rocher qui domine de cent pieds les cailloux et le roc de la grève. Pour mieux remplir son but, le jeune homme se balance de droite et de gauche, puis on le remonte à force de bras.

Déjà il approche du sommet du rocher quand les matelots qui tirent poussent un cri : deux des fils du câble (sur trois) venaient de se rompre et le pilotin restait suspendu au-dessus de l'abîme. Tous tremblent et Marceau accourt anxieux. Le mousse est à terre ; mais le fil qui l'a soutenu est si mince que le matelot le déchire avec son pouce.

« — Tu vois, lui dit le Commandant, à quoi sert la médaille ! »

A partir de ce jour, jamais Marceau ne laissa ses hommes descendre à terre sans les munir de cette protection puissante :

« — Les autres capitaines, leur disait-il, vous donnent des pistolets et des sabres ; moi je n'ai pour vous défendre contre les sauvages qu'une arme à vous donner, c'est la médaille !... »

C'est avec cette arme que Marceau accomplit les merveilles de sa campagne océanienne et c'est elle qui lui valut la protection constante de celle que l'on invoque sous le titre de : *Fœderis arca*, l'arche-d'alliance. Un dernier exemple va nous le montrer :

Le 17 mai 1849, l'*Arche-d'Alliance* faisait voile pour la France ; on était à la veille de la fête de l'Ascension, passagers et matelots se livraient à la joie que donnent la paix de l'âme et la bonne conscience, car le lendemain il devait y avoir sur le navire une communion générale.

« Soudain à deux henres du matin on entend à fond de cale comme un bruit de tonnerre. Le navire craque sous les pieds avec fracas... On sonde, le trois-mâts n'avait pas une goutte d'eau. Il a fallu que le bâtiment fût dur comme un rocher pour résister à un pareil choc, ou plutôt que Marie l'ait protégé d'une manière particulière. Mais Marceau n'était pas au bout de ses épreuves. Quelques instants après, une secousse nouvelle se fait sentir terrible, saisissante... puis une autre, puis une autre encore. La fausse quille part, le gouvernail se brise, le navire échoue. On pâlit, l'équipage perd confiance, et l'on voit même un officier d'infanterie pleurer.

« La terreur, dit le journal d'un passager, était presque générale, moins ceux qui avaient obtenu le pardon de leurs fautes la veille et devaient approcher ce jour-là de la Sainte Table. Marceau était à son poste, se portant où besoin était, encourageant les peureux, leur disant qu'il n'y avait rien à craindre, que nous étions sous la protion de Marie, et prenant ses mesures pour sauver le navire.

« Le sous-lieutenant du bord, M. Sicard, était à sonder dans un canot, et il rendait compte à haute voix au Commandant : on écoutait toutes ses paroles en grand silence, comme un arrêt de vie ou de mort, et en tremblant... Cinq brasses, quatre brasses, trois brasses... Bien, répondait le Commandant avec sa fermeté ordinaire, bien ; allez plus loin. Et toujours : Trois brasses, fond de sable. Tout à coup M. Sicard cria : fond de roche. M. Marceau reprit vite : Oui, fond de sable, bien, très bien, pour ne pas effrayer les peureux. Au lever de l'aurore, le Commandant vit que nous étions sur les côtes de la Sénégambie, et sur le fameux banc où périt la *Méduse*, de douloureuse mémoire.

« Le Commandant ordonna alors de mouiller ses ancres à une certaine distance ; et tous les passagers par ses ordres exécutèrent une manœuvre pour dégager le navire. Mais les câbles se rompirent et les ancres restèrent au fond de l'eau. Alors Salomoné fait le signe de la croix en serrant son scapulaire, plonge comme un poisson sans rien craindre, et va attacher des cordes aux ancres qu'on retire. Le Commandant ayant fait en vain pendant plusieurs heures tous ses efforts pour remettre le navire à flot, s'écrie tout à coup avec sa foi vive :

« — Que tous les matelots et soldats exercés au chant des cantiques montent sur la dunette. Nous allons invoquer la Sainte Vierge.

« Il entonne lui-même l'hymne des marins *Ave, maris stella*, avec une piété digne d'un anachorète, et cinquante homme font retentir sur ces abîmes menaçants cette belle prière. Spectacle magnifique ! je ne t'oublierai jamais ! Puis admirablement secourus par cet *Ave, maris stella*, nous nous remîmes avec ardeur au travail (1). »

(1) Cité d'après *Marceau*.

L'exercice du déhalage dura trois jours au bout desquels ees vaisseaux français passant à l'horizon aperçurent l'*Arche-d'Alliance* et lui vinrent en aide; une fois de plus le navire de Marie était sauvé.

CHAPITRE X

La France. — Derniers jours.

Bonnes œuvres. — Nouveaux projets. — Sainte mort.

I

Marceau avait à peine mis le pied sur la terre de France que Pie IX, pour le récompenser de sa glorieuse campagne, le créait chevalier de l'ordre de Saint-Grégoire-le-Grand. En même temps il recevait du ministère de la marine sa nomination de capitaine de frégate.

Si le dernier de ces honneurs le laissa indifférent, le premier lui fut extrêmement sensible, et il se plut à le considérer comme une marque de l'approbation divine dans le zèle qu'il avait mis à remplir sa mission. Aussi ne songea-t-il qu'à en poursuivre l'accomplissement et à organiser une traversée semblable à la première.

Mais, on le sait, la révolution de Février avait tari les ressources de la charité; d'un autre côté l'appui de l'Etat fut vainement sollicité ; la pénurie du trésor était un motif excellent de refus et la Société des Missions dut subir la crise commerciale que les évènements politiques avaient amenée.

Sans donc renoncer à la mer, et en préparant même un nouveau départ pour l'année suivante, le Commandant de l'*Arche-d'Alliance* crut devoir employer le temps qu'il passait à terre en œuvres chères à son cœur.

La Conférence de Saint-Vincent de Paul l'avait toujours attiré et il y avait joué un rôle très actif à Brest et surtout à Toulon ; il songea à le reprendre.

Son action ne se borna pas aux visites des pauvres ; elle s'étendit encore aux marins et aux soldats si nombreux dans ces deux grandes villes et il créa pour eux les écoles du soir, « vrai refuge où jusqu'à l'heure de la retraite des cours élémentaires permettent d'utiliser de longs moments d'ennui et de désœuvrement. C'est d'ailleurs autant de pris sur la débauche et sur le cabaret. Marceau devançait de vingt ans la fondation des écoles d'adultes, dont un ministre semble avoir voulu revendiquer l'honneur. L'admission en est libre, je me trompe, elle impose un devoir : au commencement et à la fin des cours, on se met à genoux pour adresser à Dieu une courte prière. Cette obligation n'empêche pas, tous les soirs, deux ou trois cents hommes de la flotte ou de la garnison de se presser sur les bancs souvent trop étroits de la salle d'étude (1).

« Quel peut être pour eux l'attrait de pareils cours ? Pourquoi les préfèrent-ils à l'école du régiment? N'y sont-ils pas par hasard attirés et retenus par cette contagieuse et expansive puissance du dévouement, la seule force dont disposent à leur égard les instructeurs qui s'adressent à eux ? Et ces instructeurs eux-mêmes, où se recrutent-ils? Pendant vingt ans, on a pu voir un professeur distingué de l'Université faire le cours des illettrés. Un ingénieur montre les quatre règles ; les premiers éléments de physique et de dessin y sont enseignés par un spirituel magistrat, homme du monde accompli, mêlé dans sa jeunesse à toutes les luttes de la presse parisienne. Un capitaine de vaisseau dont nous avions autrefois admiré la fière manœuvre sous le fort Constantin, y fit pendant longtemps, dans le langage pittoresque et coloré du marin, des entretiens familiers de morale, sur les devoirs de l'homme et les droits du chrétien.

« Au contact de ces représentants volontaires et désintéressés de l'instruction gratuite et éminemment libre, pourquoi le fils du laboureur, qui n'a jamais connu de l'école de son villlage que la silhouette d'un pédagogue à gages, ne s'élèverait-il pas ici à la hauteur du sentiment de généro-

(1) En 1868, douze cents hommes ont fréquenté l'école militaire de Toulon.

sité qui anime le maître ? On ajoute d'ailleurs que les élèves qui fréquentent l'école militaire ne sont pas les plus mauvais soldats du corps, et que, quand il s'agit d'aller de l'avant, ils y vont comme les camarades.

« Telles sont les œuvres que Marceau a fondées à Brest et à Toulon ; elles lui ont survécu, elles subsistent encore pleines de vie, là où il en a déposé le germe (1). »

Profitant d'un séjour à Lyon, il y fonda avec l'approbation du cardinal de Bonald l'Œuvre de l'Adoration nocturne du Saint-Sacrement.

Etant dans cette même ville, il alla rejoindre les Pères Maristes dans leur solitude de Puylata pour faire avec eux une retraite de quinze jours. Le Commandant voulait ainsi retremper sa vertu au contact de ces hommes de piété, mais si l'on en croit l'un d'entr'eux, ce furent les religieux qui eurent à tirer profit de la présence de Marceau.

« C'était, dit-il, le plus fervent de nous tous... Il nous couvrait de confusion par son angélique piété, sa profonde humilité, son assiduité aux trois heures d'oraison et aux quatre conférences. Il prenait la dernière place à la salle des exercices, ouvrant même et fermant la porte, sans qu'on pût l'en empêcher. On voyait sur sa figure une expansion de joie céleste et de doux recueille-

(1) F. JULIEN, *Commentaires d'un marin*, p. 255.

ment qui portait à Dieu ; plusieurs le cherchaient du regard pour se ranimer et se soutenir. Pendant les instructions il semblait suspendu à la bouche du prédicateur, et on aurait dit qu'il goûtait cette sainte parole d'une manière sensible, tant son attention était onctueuse. Quand il se croyait seul à l'église, — et il était souvent aux pieds du Saint-Sacrement, — il faisait des génuflexions profondes. dans lesquelles il restait longtemps abîmé, comme anéanti devant la majesté divine. J'en fus témoin quelquefois à son insu, et le seul souvenir de cette prostration religieuse me rappelle souvent la grandeur de Dieu (1). »

II

Au sortir de cette retraite, Marceau voulut reprendre avec plus d'ardeur que jamais ses projets de marine religieuse, tels qu'il les avait rêvés en son voyage à Rome. Il lui semblait que les matelots qui étaient appelés à faire partie de l'Œuvre des Missions devaient commencer par purifier leur passé, et puiser le dévouement nécessaire à leur vie nouvelle dans une année de noviciat.

Il avait confié aux Pères Maristes l'éducation

____
(1) Cité d'après la *Vie de Marceau.*

de son cher et fidèle Salomoné, et se réservait par des lettres où se révèle une bonté toute paternelle le soin d'orienter son âme vers l'Œuvre des Missions océaniennes :

« Mon cher enfant, lui dit-il, tu m'as réjoui en m'écrivant que tu travailles bien, que tu es toujours content, et que tu as toujours l'intention de venir avec moi dans les missions pour faire du bien. Nous aurons un compagnon sur lequel tu ne comptais guère : le matelot N... que tu as vu à bord si peu ami du bon Dieu est aujourd'hui tout changé. Il ne pense plus qu'à s'embarquer avec nous pour retourner en Océanie. C'est aujourd'hui un homme qui dans sa conversation et ses lettres m'excite à aimer le bon Dieu par la générosité avec laquelle il se donne à lui. Je ne puis pas te dire encore quand je te reverrai. Je demande à Dieu que ce soit bientôt, mais ne te tourmente pas ; prie beaucoup pour moi. Récite tous les jours le *Veni Creator* en union avec le matelot N... et avec moi, afin que nous apprenions du bon Dieu ce qu'il veut que nous fassions pour l'Océanie, et que nous lui obéissions... Demande au bon Dieu qu'il nous fasse trouver des hommes qui l'aiment pour venir avec nous sur le navire qui nous portera en Océanie. »

Cette pensée, à cette époque, préoccupe uniquement Marceau :

« Songe, mon enfant, lui écrit-il un autre jour, qu'afin de mériter que le bon Dieu se serve de nous pour aller au secours de tes frères en Océanie, il nous faut beaucoup prier et souffrir. »

La prière et la souffrance, tels étaient les deux moyens par lesquels il se préparait à reprendre sa première campagne.

Le pieux Commandant alla donc trouver le Supérieur des Pères Maristes pour s'entretenir sérieusement avec lui des plans qui pouvaient amener la réalisation de cette idée. C'était dans les premiers jours de l'année 1850. En voyant cet homme au visage émacié, au teint fatigué qui annonçait déjà un vieillard, à la démarche alanguie, à la poitrine oppressée, le Supérieur ne voulut rien entendre de tous les projets que lui déroulait le Commandant:

« — Mon cher Monsieur Marceau, lui dit-il, commençons par nous soigner, après... nous verrons ! »

Et en même temps il faisait venir le premier médecin de Lyon pour ausculter Marceau qui disait n'être pas malade. Le religieux ne s'était pas trompé ; l'état était grave et laissait même peu d'espoir de guérison.

Dans son long séjour sur mer, Marceau avait contracté une maladie qui ne pardonne pas et à laquelle il ne faisait plus attention parce qu'elle était déjà ancienne. Mais maintenant le mal se réveillait avec plus d'énergie que jamais et ne devait plus lui laisser que quelques mois à vivre.

A cette nouvelle qui lui fut communiquée par

le religieux, Marceau ne s'émut pas : au fond, il avait échappé à tant de dangers que peut-être crut-il que la Sainte Vierge le tirerait encore de là. Il garda donc une ferme espérance de reprendre ses voyages comme en témoigne ce passage de l'une de ses lettres :

« Me voilà condamné à m'occuper de ma santé, à ne pas reprendre la mer d'un an... »

Hélas ! c'était un adieu définitif qu'il fallait dire à l'Océan, aux missions et à l'*Arche-d'Alliance* !

Dieu prépara son serviteur au dernier passage et à un détachement complet en lui envoyant de nouvelles épreuves, sur lesquelles il ne pouvait compter.

Pendant que d'un côté le ministère qui ne le savait pas malade, lui faisait offrir le gouvernement du Sénégal, Marceau se voyait critiqué dans ses idées les plus chères par quelques-uns de ses amis et même par des hommes de foi qui n'avaient pas les mêmes vues. Par ailleurs lui venaient des critiques sur son voyage de l'*Arche-d'Alliance* et malgré ses souffrances il voulut répondre à tout.

Son esprit travaillé par les épreuves physiques et morales sembla un instant se refuser à la tâche; l'héroïque Commandant, humilié de cette impuissance, fit alors à Dieu cette sublime prière qui à elle seule suffit pour donner la mesure de sa vertu :

« Ah ! mon Dieu, si vous voulez me frapper

dans mon intelligence, soyez béni! J'ai tout donné, je ne réserve rien. »

Il n'y a que les grandes âmes capables de ne pas faiblir devant des coups semblables : se voir frapper dans tout son être et rester calme et joyeux. Tel fut Marceau.

« — Je suis aussi content, dit-il, de glorifier Dieu en buvant de la tisane dans ma chambre, qu'en essuyant les coups de vent sur la mer. »

Marceau passa les derniers mois qui lui restaient à vivre dans la solitude la plus complète, uniquement occupé de son salut et de la manière la plus parfaite de glorifier Dieu ; c'est alors qu'il étudia de plus près un projet qu'il caressait depuis quelques années et qu'il résolut de mettre à exécution. Il écrivit au Supérieur des Pères Maristes pour le prier de l'admettre dans la Compagnie et de le préparer au sacerdoce. Sans se faire illusion sur les difficultés de son plan, le malade disait :

« — Me voyez-vous, avec mes quarante-quatre ans, sur les bancs pour apprendre ? Qu'importe, il faudra bien que Dieu se charge de tout... »

Ce vœu ne devait pas se réaliser ; la mort guettait sa proie de trop près, mais si l'officier n'eut pas l'honneur de devenir prêtre, il lui fut encore donné en ses derniers jours d'être apôtre.

Depuis l'Ecole polytechnique, Marceau et

La Moricière ne s'étaient pas perdus de vue ; les relations épistolaires sans être très fréquentes n'avaient pas été interrompues ; et depuis sa conversion, souvent l'officier de marine avait rappelé à son ami le bonheur de l'âme chrétienne. Le brillant Africain sentait que Marceau avait raison, mais il repoussait toujours le moment de se rendre.

La révolution de 1848 le trouva à Paris refoulant dans une charge célèbre les flots de la démagogie ; il donna des gages à la République qui l'en récompensa en lui confiant le ministère de la guerre, puis l'ambassade de Russie. Il était donc dans toute la gloire de sa carrière militaire.

Ce fut le moment que Marceau choisit pour frapper le dernier coup à la porte de cette âme :

« Je continue mes prières pour toi, écrit-il à son ami, et je compte bien continuer jusqu'à ce que j'obtienne ce que je demande. Est-ce que tu comptes nous faire attendre longtemps? Je dis nous : car enfin je ne suis pas assurément le seul à demander pour toi que la lumière se fasse à tes yeux. Voudras-tu donc attendre le moment où tout le monde rougira de l'aveuglement qui frappe la France entière?... »

Et un autre jour il reprend :

« ... Permets-moi de jouer avec toi le rôle de cet esclave qui suivait les triomphateurs pour leur rappeler qu'ils étaient hommes. Hélas ! il me

semble qu'il n'y a guère de triomphateurs aujour-
d'hui, parmi les hommes qui désirent soutenir
la société qui s'écroule. Mais je compte, de
temps à autre, moi vivant dans la retraite et exa-
minant l'ensemble de la bataille, t'avertir du point
où en sont les choses.

« Ce n'est pas que je craigne pour toi. Du jour
où tu as été si maltraité par les démocrates, j'ai
été convaincu que je ne m'étais pas trompé ; et
déjà en apprenant que Dieu t'avait ménagé la
grâce de devenir le gendre d'une sainte (1),
j'avais pensé que c'était afin de te conserver pour
des temps meilleurs. Tu as toujours eu une grande
simplicité et une grande bonhomie. Il est vrai que
depuis longtemps tu as le triste avantage de n'être
entouré que de gens qui ont quelque chose à
attendre de toi. Aussi je ne serais pas surpris que,
pour te ramener à lui, Dieu ne te ménageât quelques-uns de ces déboires qui tournent à l'avantage ou à la perte de celui qui les éprouve, suivant
ses dispositions. Si je te parle ainsi, c'est afin que
le jour où cela t'arrivera, au lieu de t'en prendre
à un sort aveugle, ou de chercher à l'expliquer
par des raisons humaines, tu songes à lever les
yeux et à demander à Dieu la lumière. »

Quelques mois après la réception de cette lettre,
La Moricière était le prisonnier de Louis-Napo-
léon ; sous les murs de Mazas, et dans la citadelle

---

(1) Le général avait épousé la fille de Madame d'Auberville.

de Ham, vint l'heure propice des réflexions salu-
taires. Le brillant officier d'Afrique se convertit,
et en revenant à Dieu, il rendit hommage au souvenir de Marceau qui avait été pour lui l'un des
attraits vers le chemin de la vertu.

III

Hélas ! cette lettre à La Moricière fut l'une des
dernières qui tombèrent de la plume du commandant de l'*Arche-d'Alliance*. C'était donc bien
vrai : sa mission sur la terre était terminée et le
moment de la récompense approchait.

Se faisait-il illusion complètement, ou voulait-il
tromper ceux qui l'aimaient ?... Nous l'ignorons,
mais jusqu'au bout il parla d'espérance, de missions futures, de projets d'avenir.

Dans le courant de janvier de l'année 1851, il
sollicitait de nouveau son admission au noviciat
des Pères Maristes, et dans ce but il entreprenait
encore une longue retraite.

Ce fut le dernier effort de cette énergique
nature. L'âme avait usé le corps ; il sortit de ces
exercices spirituels entièrement brisé. Il n'eut
que le temps de se rendre à Paris où il trouva
Madame Marceau, qu'il avait trompée jusque-là
sur l'état réel de sa santé.

Toutes les fois que cette bonne mère lui con-

Mort d'Auguste Marceau.

seillait de se soigner, elle obtenait des réponses comme celles-ci :

« Ne t'occupe de ma santé que pour remercier Dieu de la grâce qu'il m'a faite en m'envoyant une bonne et longue maladie. Certes je n'avais pas l'espoir d'une aussi large récompense de ma campagne, et je suis fort d'avis que Dieu donne toujours plus qu'on ne demande. Et dis-moi, bonne mère, que trouves-tu donc de si avantageux à se bien porter ? le mieux n'est-il pas d'être dans l'état où il plaît à Dieu de nous mettre ? Et parmi toutes les situations qu'il nous fait, ne doit-on pas regarder comme plus favorisées celles qui rapprochent le plus de lui? Ma mère, le monde attache un grand prix à la santé ; donc nous qui avons la foi, n'en attachons qu'à l'accomplissement de la volonté de Dieu et préférons la croix!!! »

Un autre jour il représente à Madame Marceau qui s'inquiète encore, que ce n'est pas bien de douter ainsi de la miséricorde de Dieu, et il lui demande si c'est pour tout de bon qu'elle a jadis consacré son fils à la Sainte Vierge. Sensible à ce reproche, cette femme de foi répond :

« Tu as bien raison de penser qu'avant d'avoir reçu ta réponse, j'aurai demandé pardon à Dieu de cette révolte contre sa volonté. Oui, assurément, je lui demande qu'il sanctifie ; oui, je t'ai consacré à la Sainte Vierge pour réparer ce mouvement de mon cœur encore trop attaché à toi naturellement, je veux le jour de Notre-Dame de Compassion t'offrir de nouveau à cette bonne Mère. »

Madame Marceau voulut qu'il consultât le docteur Récamier : il n'en reçut que la nouvelle assurance que son sort était entre les mains de Dieu qui seul pouvait lui rendre la santé.

Alors la mère affligée ne consentit plus à se séparer de ce fils, sa gloire et son bonheur. Mais celui-ci, mettant toujours les intérêts spirituels bien au-dessus des avantages de la vie présente, invita Madame Marceau à le quitter pour quelques jours en lui disant :

« — Je me trouve si heureux, ma chère mère, de la retraite que je viens de faire, que je désire partager mon bonheur avec toi. »

De peur de l'effrayer, Madame Marceau ne révéla pas la peine que lui causait cette proposition ; au reste son fils venait de lui révéler sa détermination d'entrer chez les Pères Maristes, ce qui la rendait heureuse.

« Une seule chose, écrit cette pieuse mère, une seule chose troublait mon bonheur : c'était la pensée dominante de ce cher fils de retourner en Océanie ; aussi j'ai supposé que c'était pour m'amener à la force du sacrifice, qu'il avait voulu me faire faire une retraite. Hélas ! peut-être aussi voulait-il me préparer à une affliction plus grande encore, dans le cas où il ne plairait pas à Dieu de lui rendre la santé.

« Le 13 janvier, il me conduisit donc chez les Sœurs de la Réparation, et j'y restai jusqu'au mercredi 22. Pendant que les points de méditation qu'on me donnait dans la solitude roulaient sur l'esprit de sacrifice (hélas ! je devais bientôt en avoir tant besoin !) ce cher fils lui-même sentait son mal augmenter, et des vomissements vinrent se joindre à ses autres infirmités. Quand je revins auprès de lui, il m'exprima le désir de se rendre avec moi à Tours pour voir sa sœur, passer quelques jours en famille avec nous, et recevoir mes soins. »

Le 28 janvier, la mère et le fils quittaient donc Paris. Le lendemain, M. Dupont accourait saluer son illustre ami : hélas ! c'était le dernier entretien de ces deux hommes de Dieu ! Le sujet de leur conversation fut l'immolation volontaire et la nécessité de s'offrir à Dieu comme victime, afin d'obtenir grâce pour les pécheurs.

Le 1ᵉʳ février le mal faisait des progrès effrayants ; et le malade perdant son sang et ses forces recevait le sacrement de l'Extrême-Onction.... Quelques minutes de plus, et une dernière convulsion l'emportait.....

Sa dernière parole avait été pour sa mère ; elle mérite d'être conservée pour marquer la mesure de l'affection surnaturelle qu'il lui portait.

Madame Marceau lui avait murmuré à l'oreille ces paroles de suprême adieu :

« — Mon fils, obtiens-moi d'aller bientôt te rejoindre en paradis. »

Mais lui, se redressant dans un dernier effort, lui répondit :

« — O mère ! je ne pourrai demander pour vous que des croix, car la croix c'est le chemin du Ciel. »

Quand on se reporte à quelques années en arrière et qu'on se représente ce fils et cette mère, courbés l'un et l'autre sous le joug de l'incrédulité, ayant à peine la première notion des choses du salut, et qu'on considère le chemin parcouru en si peu de jours, on ne peut réprimer un cri d'admiration pour la Providence dont les voies sont si belles et si incompréhensibles !

C'est dans le cimetière de Saint-Symphorien, à Tours, qu'Auguste Marceau dort son dernier sommeil. Sur sa tombe se lit cette pieuse inscription :

Ici reposent,

En attendant le grand jour de la Résurrection,

Les restes mortels d'Auguste-François MARCEAU,

Serviteur de Marie Immaculée,

Capitaine de frégate,

Chevalier de la Légion d'honneur,

Chevalier de l'ordre de Saint-Grégoire-le-Grand,

Né le 1er mai 1806, décédé le 1er février 1851

Sous la protection de Marie

TABLE DES MATIÈRES

Abbeville. — Imprimerie C. PAILLART.